この世と あの世

【講演集】

大法輪閣編集部 編

大法輪閣

はじめに
「この世とあの世」を考える

菅原伸郎

大切な人が亡くなったとき、多くの人は「あなたはどこへ行ったのか」と思うでしょう。夕日の沈む向こうで、雲の上で、きっと生きている、とも考えます。さらに、わが身が重い病気にかかったとき、あるいは老いが深まったとき、さて、この先、自分はどこへ行くのか、と迷うかもしれません。

そんな「あの世」について、人類は古くから想像力をたくましくしてきました。その風景は、原始宗教とも自然宗教とも呼ばれる世界のなかに、物語や美術、あるいは聖典として、さまざま伝えられています。

その一方で、そうした「あの世」の実在を否定し、あくまで「この世」だけにこだわる人もいます。古代ギリシャなどからあった思想で、それらは近世以降の無神論や唯物論として広がってきました。

そこで難しいのは「仏教」です。古代インド社会でも「あの世」はさまざまに語られていましたが、釈尊はむしろ否定的だったようです。その真髄は禅仏教の「無」として伝わっているのでしょう。しかし、仏教には浄土教という流れもあります。「お浄土」とも呼ばれる「あの世」は広く信じられてきましたが、それはどんなことでしょうか。そこには新しく「方便」という思考も入っているようです。

そうした問題について、本書では仏教哲学、禅仏教、浄土教など、さまざまな立場から「仏教」を説いておられる方々に語っていただきました。さらには神道学、キリスト教学、宗教学などの先生にもご登場いただきましたので、宗教研究の現在に広く触れていただけるのではないでしょうか。

私たちの在家仏教協会は半世紀以上にわたって、大阪、名古屋、福岡など、全国各地で講演会を開いてきました。東京会場では、二〇一七年四月から一年にわたって連続講演会「この世とあの世」を催しました。その講演録は大法輪閣発行の月刊誌「大法輪」二〇一八年四月号から翌年春までに連載されました。本書はその連載をまとめたものです（竹内整一先生のお話は別のシリーズから転載させていただきました）。

講師の諸先生、会場でお聴きいただいた方々、そして高梨和巨さんら大法輪閣の編集部に改めてお礼を申し上げます。

（すがわら・のぶお／公益社団法人在家仏教協会理事長）

この世とあの世《講演集》目次

カバー絵画　小倉尚人「地蔵菩薩」
会場撮影・装幀　大法輪閣編集部

この世とあの世

【講演集】

1

「あの世・この世」と「浄土・現世」

阿満利麿

お寺の山号の由来

「仏」という漢字を、皆さまはどう読まれますか。「ブツ」と読めば覚者《かくしゃ》という意味で、釈尊《しゃくそん》のさとりにつながります。これを「ホトケ」と読めば、それはご先祖のことです。仏を「ホトケ」と読むのは中世よりももっと古い時代からありました。「ブツ」と読む漢字が中国から伝わってきて、それを「ホトケ」と読んだのはどうしてなのでしょうか。

「寺」という字はふつう「テラ」と読み、お寺の名前になると「ジ」と読みます。中国で寺は役所の建物の一つで、そこにインドから来た僧侶をお泊めしました。ですから「ジ」は宿泊施設です。これに対して「テラ」は死者の骨を捨てる所で、沖縄には今もその痕跡が残されています。日本の「テラ」には墓地がありますが、中国本来の「ジ」は僧侶が修行する場所で、墓地とは関係がありません。

さらに、寺には山号《さんごう》というのがあります。たとえば京都の本願寺《ほんがんじ》の山号は龍谷山《りゅうこくさん》です。もともと中国では権力者が保護する立派なお寺ということを表すために山号を付けたようです。日本人にとってはこの山というのには特殊な意味合いがあります。

京都・東山《ひがしやま》に鳥辺野《とりべの》という地域があります。ここはかつて遺体を捨てる場所でした。中世の古文書を見ると、息が苦しくなっていよいよ死が近づいてきたとなると、本人も覚悟してこの鳥辺野へ連れてこられて捨てられたといいます。遺体は犬などの動物が食い荒らし、時間が経って白骨になると、タマシイが山に登って行くとされていました。つまり鳥辺野は捨てられた肉体が朽ちていくところで、タマシイは山へ行くと考えられていたのです。

お山に死者のタマシイが住んでいるとして、霊場になっている山が日本にはたくさんあります。例えば高野山には亡くなった方の遺骨や遺髪が納められてきました。

そのように中国仏教で権威の象徴とされてきた山が、日本ではタマシイの行く所だとされてきました。町の中のお寺にも山号が付けられているのは、そこに死者のタマシイが宿っていると考えるからです。しかし僧侶の方々は、はたしてそういう山号の由来をどれだけ理解しているでしょうか。

自然宗教と創唱宗教

日本では、お墓に「捨て墓《ばか》」と「参り墓」の二種類の形態がある地域があります。捨て墓とは遺体を捨てる所で、捨ててしまうと遺族はもうそこには行きません。それとは別に作った「参り墓」は遺骨も何もなく石塔が立っているだけなのですが、遺族はそこに死者の供養《くよう》に出向くのです。日本人は遺体そのものにあまりこだわりがありませんでした。遺体よりもむしろ死者のタマシイの供養を主にして、このタマシイの完成者が「ご先祖」と考えたわけです。

こうして見てくると、あまり仏教とは関係ない話ですね。日本人の中で、自分の父や母がお浄土《じょうど》で覚者になって、「ブツ」として現世に帰ってきて活動している、自分もまた同様に死んだら「ブツ」になってすべての人を救う活動に従事する、そういうイメージを持っている人は一体どれだけいるでしょうか。

日本人は「ブツ」と「ホトケ」をあいまいにしたまま何百年も過ごしてきました。そのことを誇りに思うという学者もいます。日本民俗学の創始者である柳田國男《やなぎたくにお》は、仏の字を「ブツ」で一貫せずに「ホトケ」という意味合いを含めたことこそ、我が民族の誇らしいところであると言っています。つまり仏教が日本に入ってきて、日本人に深い影響を与えてきたように見えるけれども、最後の一線は「ホトケ」という言葉に置き換えて仏教の浸透を食い止めたのだとおっしゃるわけです。これは現代のナショナリズムにも通じることでもあります。

日本人は「ブツ」や「ジ」など、本来は仏教の中の考え方で理解すべき言葉を、「ホトケ」や「テラ」といった日本だけにある訓《くん》で読むことで、自分たちの伝統的な宗教意識を保ってきました。こういう訓が生まれてくるということを、日本人による「自然宗教」の優越であると私は申してきました。「自然宗教」とは、大自然の宗教という意味ではなく、自然に成立してくるということです。いつのまにか、誰が言い出したかわからないけれども、何百年も前からそういうことになってきた、ということです。

この「自然宗教」に対して、仏教やキリスト教というのは始めに説いた人がいます。このように教祖が唱えた宗教のことを「創唱《そうしょう》宗教」と言います。「創唱宗教」はどういう考えの中から生まれてきたかがはっきりわかります。ところが「自然宗教」というのは、いつ成立したのかよくわからないのです。死者を「ホトケ」と言うようになったのはいつ頃からなのかはっきりしないのです。

日本人の宗教心の大きな特徴は、みな自分は仏教徒だと言ってはいますが、仏教の色がついた訓のほうの「自然宗教」の立場で仏教を理解していることです。もしもここを厳密に「創唱宗教」の側から検証したら、現実のお寺が成り立たなくなってしまいます。それが私たちの宗教心を安っぽいものにしているという一面もあります。

私の見るところでは、仏教は長い時間をかけて日本人の間に広まってきたけれども、ここぞという壁は打ち破ることはできずに今に至っているのだと思います。鎌倉時代のある時期には法然《ほうねん》上人や親鸞《しんらん》聖人の活躍で、創唱宗教としての仏教が民衆の間に広まったこともあったろうと思います。しかしもともと日本人の中にある自然宗教という意識がいつのまにかまた勢力を盛り返して、法然上人や親鸞聖人の教えは消えていったと言っていいでしょう。しかし現実の教団はそれがあたかも生きているかのようにふるまっています。

現実の教団は法然上人や親鸞聖人のことを仏さまのように思っています。真宗の信者というと、阿弥陀さまを信じるより親鸞聖人を信じておられるようにみえます。これはもう親鸞教と言ってもいいでしょう。そのように特別な個人を崇めるというのは「自然宗教」であって、仏教ではそのようなことは言いません。お釈迦《しゃか》さまがどんなに偉かろうとも、お釈迦さまと私たちとは、仏性《ぶっしょう》をもつという点では同じなのです。

仏教は表面上では我々の心に浸透しているように見えますが、深層意識では「自然宗教」的なものの見方のほうが優越しているというのが、日本人の宗教心の特徴といえます。この機会に自分は「自然宗教」を選ぶのか、「創唱宗教」を選ぶのかを考えてみてはいかがでしょうか。

人間のカラにタマが宿る

「自然宗教」の特徴は、先ほども申しましたように、タマシイということを重んじます。俗にタマシイと言っていますが、学問の世界ではタマと言います。シイはタマが働いている様子を表します。

日本の「自然宗教」では、タマが満ちている世界からこの世にタマがやってくる、タマが往来しているという観念があります。タマのことを宗教学では「外来魂《こん》」と言います。あの世のことは「他界」と言います。「他界」に満ちているタマがこの世界に飛んできてカラに収まる。タマが収まったカラは生命を持つ。現実世界のカラの中にタマが入ることが生命活動だというふうに、いつの頃からか日本人は考えるようになりました。

人間が生きているというのは、人間のカラに外からやってきたタマが宿っている状態です。死ぬということは、タマがカラから抜けていくことです。それをヌケガラとか、ナキガラとか、もぬけのカラなどというのです。ヌケガラやナキガラは捨てるしかありません。貝塚というのはヌケガラを捨てる場所だったといわれます。

タマがカラから出てくることを、かえるといいます。卵が孵《かえ》るというのは、鳥のタマが卵のカラから出てくることです。また去って行くことも、かえるといいます。たとえば山で採ってきた蕨《わらび》をすぐ処理せずにしばらく置いておくと、蕨の精《せい》が山へかえると言われることがあります。精がかえってしまって残されたもぬけのカラの蕨は固くなって食べられない。だから精がかえる前の柔らかいうちに食べなければならないというのです。

タマがカラを求めて絶えずうろうろしている、入ったタマが一定期間たつとカラを脱け出て行くというのが、いつの頃からか生まれた日本人の「自然宗教」の意識なのです。それは証明できるようなことではありませんが、こうして話を聞くと、なるほどと思われるでしょう。つまりこういう話を代々聞いてきているわけです。

社会の中には支配者と被支配者の区別があります。これも「自然宗教」から説明できます。支配者は強力なタマを持っている者のことです。天皇になるには前の天皇から「天皇霊」を引き継ぐという祭りをした上で初めて天皇になります。天皇が即位する時に大嘗祭《だいじょうさい》という儀礼があります。あれは憲法が規定している儀式ではなく、戦前の国家神道の時代のお祭りのしかたで、憲法違反だという裁判が起こされたりもしました。この祭は死んだ天皇の「天皇霊」を真夜中に新しい天皇が身につけるための儀礼なのです。昔は「天皇霊」を身につけるだけでなく、諸国の「クニタマ」を身につけて初めて全国を支配できるようになったらしいです。

面白いことに、強いタマを持っている者も、弱いタマを持っている者も、一年の間にタマの威力が弱まってくる時期があるといいます。それが冬で、太陽が遠くなるとタマも力を失ってくる。その時に強いタマを持っている者は、自分のタマの力を分割して家臣たちに分け与えることがあります。これを衣配《きぬくば》りといって、着物を配るのです。家臣がもらう着物には支配者の強力なタマの一部がくっついていて、それを着る自分も元気が出るというわけです。

配るためにはタマを増やさなくてはなりません。増殖させる「増《ふ》ゆ」が冬の語源だと言われています。だからせいぜい冬になったらお金を持ってそうな人にタカればいいのです……

冗談はともかく、十二月前後にはもっと慈善事業を盛んにすべきだと思います。

人間に最も都合の良いタマのことを、カミと言います。日本人の宗教意識で言うカミは、キリスト教のような世界の創造主ではなく、最上級のタマなのです。反対に都合の悪いタマもあります。それをモノといいます。物《もの》の怪《け》のモノです。このようにすべてはタマのありようから自分たちの暮らしを考えるというのが、日本の「自然宗教」の特徴です。

個性を失ってご先祖になる

仏を「ホトケ」とも「ブツ」とも読むというのは、「自然宗教」と「創唱宗教」との絶妙な絡み合いを示しています。

人は死ねばいつか「ご先祖」になると思っています。では「ご先祖」とは何かというと、村に生きてきたすべての人々のタマの融合体です。血縁があるかないかは関係ないのです。旅の途中でそこで死んだ人も含めて、一つの地域で生き死にを重ねてきた人たちのタマが融合したのが「ご先祖」なのです。

ところが現代では、先祖といっても仏壇に飾ってある写真の人々、二代か三代前の血縁者たちというイメージしか持っていません。それは「自然宗教」でいわれる「ご先祖」とも離れてしまっています。実は、すでに「自然宗教」も崩壊しつつあるのですが、そのことに気がついていないのです。

したがって「ご先祖」というのは固有名詞を持ちません。ということは、個々人のタマが個性を失って初めて「ご先祖」になるということです。個性を失うまでにはだいたい三十年くらいというのが「自然宗教」の考え方です。お寺の法要ではだいたい三十三回忌が一つの区切りになります。ところが現代では、これでもまだ終わらずに五十回忌や百回忌までやっています。しかもそれを説明する仏教的原理はないのですから、ますますもっておかしな話になります。

死者祭祀《さいし》というのは死者が固有名詞を失って「ご先祖」になるまでのお祭りなのです。三十三回忌が終わると戒名や法名を書いたお位牌《いはい》や卒塔婆《そとば》を川に捨てたり燃やしたりする地域もあります。つまりもう必要ないからです。祟りがあるなどというのは、商売で言っているだけです。三十三回忌が過ぎて、死者が「ご先祖」になった時に、成仏《じょうぶつ》したといいます。しかしこれは仏教とは何の関係もありません。

「自然宗教」では、死者のタマは穢《けが》れていると考えます。生きている間の罪がいっぱいくっついて、生きている間に罪の贖《あがな》いができなかったから、その贖いを子孫が代わってするというのが死者儀礼です。葬式で粗供養《そくよう》と書いた品物を配ることがあります。私の地域では葉書十枚だったり手ぬぐいだったりしました。これは死者に代わって施しをしているわけです。そうした説明を葬儀屋さんがしてくれないので、いわれがわからなくなってきています。

ただ大事なのは、三十三回忌までの祭祀をするのは、血を分けた子孫でなければならないという約束事になっていることです。それは「ご先祖」が子孫に生まれ変わってくるという考えがあるからです。そうなると子孫がいない者は「ご先祖」になれないことになります。子孫のいないタマは災いをもたらすと考えられていました。このタマをどうお祭りしたらよいかと、「自然宗教」では困っていたのですが、その問題に解決をもたらしたのが仏教だったのです。

死者のタマは年に二回、お正月とお盆に帰ってくるといわれます。本当はお正月も死者は帰ってきているのですが、こちらは神さまということにして、私たちの知っている死者のタマはお盆にだけ帰ってくるということになったのです。なぜ二回かというと、日本人の暦が半年単位だったからです。

お盆には、子孫のいないタマのために施餓鬼《せがき》法要が行われます。お盆の時、仏壇よりも一段下に蓮《はす》の葉を敷いて、飾り物を置くお祭りをする家もあると思います。これが施餓鬼です。現代ではお盆も施餓鬼もそれぞれの家で行っていますが、もともとは村全体でやっていました。盆踊りというのは村へ帰ってきた死者たちを村人全員で慰める行事だったのです。

ここは定義が難しいところです。浄土宗にしても浄土真宗にしても、死ねばお浄土に行き、「ブッ」としてさまざまな活動をしていると説きます。死者は、生きている子孫からお祭りを受けたいなどとは思っていらっしゃらないはずなのです。だいたい死者がこの世に帰ってくるはずがないじゃないですか。それなのに浄土宗も浄土真宗も、お盆には死者を供養しなければならないと言うのです。さすがに浄土真宗ではお盆という言葉は使わずに「歓《かん》喜会《ぎえ》」と言い換えているようですが、実質は何も変わりません。

輪廻は受け入れられなかった

ご先祖の一部は神さまになって、村人たちの生活を守護する役割をしますが、一部の人たちは子孫に生まれ変わってくるという信仰があります。生まれた時に祖父や祖母の名前から一字をいただいたという人は少なくありません。平安貴族の系譜を見ると、必ず一代ごとに同じ字が使われています。これは一代ごとに生まれ変わっているということを表しているのです。

私の知っている薬屋さんの家では代々、太兵衛《たへえ》と名乗りました。成人してある程度の年齢になると、何代目かの太兵衛さんになるわけです。これもまた生まれ変わりと言えましょう。ここで気づくのは、生まれ変わるといっても、人間から人間に生まれ変わるのです。日本の「自然宗教」では、人間が死んで地獄へ行くとか、犬に生まれ変わったという話はしないのです。

仏教の説く六道輪廻《りんね》が信じられた時代もあったわけですが、「自然宗教」が力を及ぼしてくると、輪廻という考え方はあまり日本人の中では人気がなくて廃れてしまいます。輪廻とは自分がいかなる存在なのかということを自覚するための鏡です。自分の罪がこんなに深くてコントロールできないのは、前世で餓鬼として生きてきたからではないか、つまり自分の中にある、わけのわからないことを説明する時に、六道輪廻を使うと納得しやすいのです。

現実に地獄や餓鬼という世界があるかないかではなく、自己認識の方法として意味のあることを、どうも「自然宗教」のほうではいやがって、「人から人へ」と生まれ変わるということにしたのです。

つまり、六道輪廻が十分に受けとめられなかったということは、我々の自己認識が甘いということです。「自然宗教」では、人間が罪深いというのはたいしたことではないのです。神社へ行くと太い注連縄《しめなわ》がぶら下がっていて、その下をくぐるだけで穢れがなくなるといわれます。お祓《はら》いを受けるとその人が持っている不浄が消えるというのです。悪いことをした政治家も少し引っ込んでいたら、いつのまにか水に流して許されてしまうでしょう。簡単でいいですね。

神社にお参りする時にはまず手水鉢《ちょうずばち》の水で口をすすぎます。禊《みそ》ぎというのは本来、たとえば何日も冷たい水をかぶったりして自分の罪を浄《きよ》めることです。それがいつしか手水でちょっとすすぐだけで良いということにしてしまったのです。日本人というのは、ずぼらなんでしょうね。

このように「自然宗教」の大きな特徴として、人間の罪障ということについて十分な自覚がなされていないということが挙げられます。それに比べて法然・親鸞の仏教は、己の罪悪生死《しょうじ》について深い認識を持っていたといえます。

「ご先祖」になるための方法を見てみると、不思議な気がしてきます。つまり先祖になるという考え方では、自分の生きる意味とか、死後どうなるかとか、自分の人生をどう納得するかといった問題を、みずから決着しようとしないのです。自分の役目は亡くなった両親や祖父・祖母たちの祭りをすることであって、自分が「ご先祖」になるためには子孫に期待する、そのように順送りになっていて、自分で自分を決着するという習慣にはなっていないのです。

みずから安心《あんじん》というものを決着できずに他者を待つ、一代送りにしていくというところに、日本人の無責任さの遠因があるといえます。いちばん大事な問題を自分が選んで解決しようとせず、子孫にゆだねてしまうのです。

「自然宗教」は村人全員でお祭りをすることによって、村の伝承が伝えられてきました。そこでは個人が自分の悩みを解決するために「創唱宗教」と向きあうという習慣が生まれようがないのです。個人が抱えている重要な問題の解決は、「創唱宗教」にしかできないのです。ところが「創唱宗教」と出会うチャンスがなかなかない。そこに私たちの時代の問題があるわけです。

あの世はこの世の延長に？

あの世とは、タマがいっぱいいる「他界」の一つです。あの世とは、村の外のはるかかなたにあるという茫漠としたイメージです。昔の人は、村というのは「他界」に浮かんでいる島だという認識を持っていました。今でも山村で「島内安全」と書いてある石塔を見ることがあります。山の中なのにどうして島なのかというと、これは決して海の中に浮かぶ島ではなく、山の中にある集落のことです。自分たちが暮らしているのは既知の世界だけれども、村から一歩外へ出ると何が棲んでいるかわからないという意識が強かったのでしょう。村の境をきちんと守っていないと何が入ってくるかわからないから、そこに必ずお地蔵さまが置かれたのです。

あの世は、村から続いている一本道の先にあるというイメージがありました。死ぬとあの世に行くというのは、その一本道を通って行くわけです。行く先は地域や時代によって変わりますが、近くの山に登ると考えたり、海を渡って行くと考えられたりしました。西日本のある地域では、死ぬという言葉を嫌って「広島へたばこを買いに行かはりました」などと言ったそうです。

大事なのは、この世とあの世は連続しているということです。つながっていて断絶がないのです。この世の延長にあの世があるのです。これはお浄土という考え方とまるで違います。現世とお浄土とは絶対につながることはありません。そういう浄土を必要とするのは、現実に対する厳しい認識があるからです。どうしても現実で解決できない問題があると身に染みてわかっているから、浄土という世界が願われてくるのでしょう。

この世の延長にあの世があるという程度の認識だから、あの世に行ったタマが「ご先祖」になり、あるいはカミになったりモノノケになったりしてこの世に戻ってくる。この世とあの世を行ったり来たりするのです。

地獄の世界を描いた地獄絵図を見ますと、だんだん上の方に行くと地獄ではなくいつのまにか極楽になっている絵があります。仏教流に考えればこんなことはあり得ません。なぜそうなるかというと、死者のタマが子孫の供養を受け、浄化されてカミになる、死んで三十三年経つと「ご先祖」になるということを絵で表現すると、地獄が極楽とつながっている絵になるわけです。こういう表現は他の文化圏にはありません。ですからこれを仏教の絵図だと思うとそれは間違いで、死者が「ご先祖」になるということを仏教の手段を使って表現しているにすぎないのです。そうなると日本が仏教国だとは言いがたくなります。

自然宗教も崩壊の危機

「自然宗教」も変質してきています。というのは、村がもう崩壊しているということです。私たちはすでにもうどこかの村に所属しているということはありません。村が崩壊して私たちはバラバラの個人になりました。

高野山には会社が作ったお墓があります。社員がみなそこに祭られるということは、会社が村の代わりをしていたということです。しかし今や会社はそんな忠誠を尽くすところではなくなりました。一部の幹部だけが富を持ち、一部は非正規社員としてこき使われている、そんな組織に忠誠心を持つなんてことはないでしょう。

現実の村がなくなって、村の代わりをする会社もなくなりました。すると私たちは何を頼りにすればよいのでしょうか。「自然宗教」は大きな危機に直面していると言わざるを得ません。

だいたい子孫が自分の供養をしてくれると信じている人など今やいないでしょう。「自然宗教」の約束事が役に立たないというわけで、我流で勝手なことを考え始めています。

その一つは、人は死ねば無になるという考え方です。お葬式もお墓もいらない、生まれてから死ぬまでが人生で、その前後はないと自分を納得させようとしています。しかし無になるということを見てきた人は誰もいません。「ご先祖」になると伝えられてきた重みに比べて、無になるということがいかに薄っぺらいことかと思います。「ご先祖」になるというのは怪しいけれども、これで何百年もやってきているわけですから、まだ「ご先祖」になるほうが安心感が生まれる気がします。

あるいは、死んだら大自然に帰るなどと言う人が最近多くいます。遺骨を海に散布するとか、樹木葬などという埋葬も行われています。大自然に帰るというのはもっともな感じもして、これで納得できるならそれでいいのですが、納得できかねる場合も多いでしょう。

このように、どこから生まれてきてどこへ死んでいくのかということが、あらためて切実な問題になってきたという一面もあるのです。無になると考えることでこの問題を捨てる立場もありますが、それでは不安感が一層つのるという場合もあるでしょう。

生きるために必要な物語

そもそも人間は、意味の世界に生きています。どんなに苦しくてもそこに意味があれば生きることができるでしょう。意味があるとは、そこに「物語」があるということです。人は「物語」なしには生きていけません。「物語」は人それぞれです。老後はこういうふうに生きたいというのも一つの「物語」です。世界旅行をしたい、趣味に没頭したいなどさまざまあるでしょう。自分はこういう「物語」を生きたいというところに希望を見いだす。それは「物語」が意味を与えてくれるからです。

この「物語」には「小さな物語」と「大きな物語」がある、と私は考えています。「小さな物語」とは、日々の生活を支えている「物語」です。子や孫の将来はこうなってゆくだろうとか、自分はこういう老後を生きたいとか、対象ごとに違う「物語」があって、一つにまとまっているわけではありません。

しかし現実の暮らしは、私たちの分別では解決できない問題が次から次へと起こってきます。癌の治療をしている奥さまを介護しているご主人に、検査で癌が見つかったという話を身近に聞いて、いたたまれない気持ちになりました。日ごろの分別では解決できないような問題が突如起こるのです。その時にどうしたらよいのかということに答えてくれるのが、「大きな物語」なのです。

近年は、科学技術が発展したからとか、生活が便利になったからといったことで、「大きな物語」の力がそがれているようにも見えます。しかし人が意味に生きる存在であるかぎり、最終的にすべてが壊れた時に、なおかつその意味を教えてくれるのが「大きな物語」です。人生は不条理と不安に満ちています。それを引き受けながら生きていく意味はどこにあるのかを教えてくれる「大きな物語」がどうしても必要なのです。

人は有限で無常な存在であるということは、誰しも認めざるを得ません。私の友人に、年をとって死ぬのを他人事のように思っていたという呑気な人間がいまして、最近になって「おれも死ぬんだ」なんてことを言っていました。それくらい自分を棚に上げて考えているのも人間の一面です。しかし、いざ自分が直面した時、どうしたらよいのかという問題はどうしても出てきます。

有限で無常である状態を私たちが変えることはできません。私が有限を無限にしたり、無常を常なるものにしたりすることはできないけれども、有限で無常であることを受け入れて、納得する道はあるのです。有限や無常を変えようとすると、呪術の世界に入ってしまいます。そうではなくて、有限や無常を受け入れて納得するのは、「大きな物語」の役割なのです。

日本の「自然宗教」もかつては、有限で無常な存在に対してある種の答えを提供してきました。死ねば「ご先祖」になって村を見守ってくれるとか、子孫に生まれ変わってくることができるといったように、一つの納得の手段を与えてきたのは確かです。だから多くの人がこうして「自然宗教」を大事にされてきたのです。

しかし根本的には、「自然宗教」から答えを導くことはできないでしょう。それができるのは「大きな物語」つまり「創唱宗教」なのです。

ところがこの「大きな物語」が、教団というややこしい組織に独占されてしまったために信用を失ってしまいました。教団を通じてひそかに伝えられてきた大事なこともありますから、教団をすべて否定するわけではありません。悪いのは教団を支配している人たちです。

ある勉強会に出席している女性にお聞きした話で、浄土真宗の信仰に生きたお祖母《ばあ》さんは孫であるその女性に、「私が死んでも悲しむことはない、お祖母ちゃんのことを思うことがあればお念仏をしてください、私は暗い墓の下なんかにおらんけえね」と言って亡くなったそうです。そのように「大きな物語」と出会い、人生を納得して亡くなっていった人もたくさんいらっしゃいます。

人間はそれぞれの文化圏で、不幸や不条理を納得するために「大きな物語」を工夫してきました。それが仏教であったり、キリスト教であったり、イスラム教であったりするのです。他にも次々と「創唱宗教」が生まれているということは、納得する方法を「創唱宗教」が教えようとしてくれているのです。

だから私たちはその「大きな物語」と一度、対面してみればよいと思います。「自然宗教」については、大事な問題を聞こうにもすべて伝承でここまできているので、それを体現しているお年寄りもすでによくわからなくなっています。

科学では解決できない

「創唱宗教」を馬鹿にするのは、そろそろやめたほうがよいだろうと思います。日本では江戸時代以来、知識人と呼ばれる人たちは「創唱宗教」に関心を持たないということを自負としてきました。明治以降は国家神道が、「創唱宗教」は天皇制を脅かす危険があるとして徹底して弾圧しました。「創唱宗教」の各教団は自分を守るために天皇制と全面的に妥協してきました。だからますますもって「創唱宗教」に対する信頼がなくなってしまったのです。

世のインテリといわれる人たちが宗教を無視してきたから、宗教は無視していいものだと思われてしまって、今に至っています。それが、日本人はなぜ無宗教なのかという問題につながってくるわけです。

私たちは本質的に、「大きな物語」がないと生きていくことができないのです。浄土とは阿弥陀仏の「大きな物語」の中にある世界です。「大きな物語」は科学的に証明できないから意味がないというのは、まったくナンセンスです。

私たちは科学的に証明されたら安心できるのでしょうか。たとえば自分が病気になり、余命いくばくもないとします。お医者さんは病気の原因を詳しく説明してくれます。しかしそれを聞いたからといって、納得して安心できますか。あるいは今の科学があなたの心の不安まで解消しますとは言ってはくれないでしょう。科学というのは大事だけれども、人間の営みの一部にすぎません。

「大きな物語」というのは、科学が解決できないような問題に解決を与えようとする試みです。ですから、浄土は非科学的だから存在しないなどというのは、議論の外の話です。浄土というものを求めざるを得ない人間とは何なのかという問題なのです。

『観無量寿経《かんむりょうじゅきょう》』の登場人物は、韋提希《いだいけ》という女性と、夫で国王の頻婆娑羅《びんばしゃら》、そして二人の間にできた阿闍世《あじゃせ》という王子です。父王は息子によって幽閉され、韋提希もまた殺されそうになる中で、この苦しみから逃れるにはどうしたらよいのかを釈尊にお尋ねします。不思議なもので、韋提希はその時にとても苦しんでいたのだから、話を釈尊に直接聞いてもらえばよいのに、釈尊では恐れ多いからと、阿難《あなん》や舎利弗《しゃりほつ》ら仏弟子に尋ねています。経典はサラッと書いていますが、これは私たちの真理に照らしてみるとなかなか意味が深いと思います。

自分は今、苦しんでいる。しかし自分の力を尽くせば、あるいは釈尊の弟子たちが助けてくれればそこから逃れることができるかもしれない。自分はそれほどひどい存在ではなく、なぐさめてもらえたら救われるという思い込みを持っています。涙を流して何とかしてほしいと言っていても、その根はそれほど悪い人間ではないと思っており、どう考えても悪いのは息子であり、息子をそそのかした提婆達多《だいばだった》である。そのように自分の苦しみの原因を外に求めているから、釈尊の手を煩わさず弟子たちで十分だと思っているわけです。

しかし経典では、お弟子を遣わすのではなく、突如として釈尊が現れます。すると韋提希は釈尊に身を投げ出して、私は昔どんな罪があってこのような悪い子を産んだのか、あなたはどうしてあんな提婆達多などと親戚関係にあるのか、と言います。釈尊に会うまでは、自分の憂い悲しみをなんとかしてほしいとしか言っていなかったのに、釈尊に出会って、「われむかし、なんの罪ありてかこの悪子《あくし》を生《しょう》ずる」と、自分の中に自分の本質を見ようという努力が始まったのです。

それまでは、自分はきっと助かるはずだと、「はず」の鎧を着ていました。その自分が仏教と出会うことによって「はず」の鎧が壊れ、自分は救われないと気づきます。「ブッ」に出会うことで、自分が救われないと気づく。つまり「創唱宗教」に出会って初めて、自分が何を問うべきかがわかるのです。

仏教を生きる人と出会う

世間では、「創唱宗教」に関われればすぐに救われるという期待感を持っています。そうではなく、仏教においては、自分がどういう存在なのか、自分の今ある状況がどういう因縁の積み重ねなのかを見ようとする、そういう姿勢に変わってくるのです。

現代人はたいてい「自善他非《じぜんたひ》」、自分が善くて他人が悪いと考えます。絶対に自分の悪を認めようとしないのは自我の根本的なありかたです。それが人間の本性だということを教えてくれるのが、「大きな物語」なのです。だから「大きな物語」と出会わないかぎり、自己を問うということはないわけです。

先ほど申したように、「自然宗教」ではお祓いをすれば罪が消えるという程度の自己認識です。そこには本質的に自分には問題はなく、原因は自分以外にあるという自己正当化が強くあります。これは宗教的な要求とは言いがたく、ただの不満というレベルです。不満を言い合ったところで何も解決されず、問題は先送りにされるだけです。いよいよとなった時には思考力もなく、これまでやってきたことは、将棋で言えば指し掛けの状態で、すべてが中途半端のまま死んでゆくのでしょう。

しかし「大きな物語」は、死後のためではなく、生きている自分のためにあるのです。生きている間に自分はこの人生をどう納得するか、その根本をつかむのが、「創唱宗教」のいちばん大事なところなのです。仏教に出会わないと、助からない自己には気づけません。

しかもこの出会いは、本では出会えないのです。必ず人と出会わないといけないのです。読書は自分を問いません。自分はいつも高みに立って見ているだけです。仏教に出会うためには、仏教を現実に生きている人に会って、いろいろと聞いてみるという行為がなければ、道は開けないのです。

私たちがどういう宗教的な要求を持っているかで、宗教的な救済が決まってきます。宗教的救済が先にあるわけではありません。私たちがどういう要求を持っているかが明らかにならないと、「大きな物語」も発動することができないのです。

目下の関心が死後の供養や墓のありかたにあるのか、それとも、助かるはずのない自分に気づいて、助かるはずのない自分をどうしたらよいかという問題をお持ちなのでしょうか。

さまざまな疑問があって、その疑問をはっきりさせないと、救済ということもはっきりしてこないのです。

「阿弥陀仏《あみだぶつ》の物語」がどういう仕組みで成り立っているかを知ることはもちろん大事ですが、「阿弥陀仏の物語」を実際に我が身に引き受けていった人たちの姿をまずご覧になってみるということが、大きな支えになるでしょう。

先ほどご紹介した、信仰に生きたお祖母さんは生涯、縁起が悪いなどということを口にされなかったし、孫が東京に出て行く時には自分の人生を切り開けと励ましてくれて、遺言にはお前も宗教を求めなさいとあったそうです。そういう実際にお念仏に生きた人のことを見聞きすることで、「大きな物語」に気づくことができるのではないでしょうか。

いま難儀で途方に暮れていることを解決したいと思っている人は、ぜひ「創唱宗教」の門を叩いてみてください。

2

日本人の死生観と仏教

末木文美士

「あの世」が語れる時代に

仏教への関心は年々高まっているように感じます。理想がなくなり、行き詰まった時代の中で、仏教の示す生き方が改めて共感を呼んでいるのかと思います。

日本仏教の各宗派が唱える「四弘誓願《しぐせいがん》」は、あらゆる衆生《しゅじょう》を救おうという言葉で始まります。浄土真宗は自分たちに救える力などないという教えなので唱えませんが、気持ちとしては共有できるのではないでしょうか。たしかにこの世で生きているうちに、そんなことができるわけはないかもしれません。しかしもっと長い時間で考えた時に、みんなが幸せになってほしいという気持ちは基礎にあるのではないかと思います。それが仏教の「菩薩《ぼさつ》」という考え方になるでしょう。

今から十年ほど前、二〇〇九年から二〇一一年まで読売新聞で月一回、「見えざるものへ」という連載をしました。その中で、私たちはもう少し死後のことを考えたほうがよいのではないかということを書きましたら、読者の方々からかなり否定的な声が届きました。そんな考えてもわからないことを論じたってしようがないではないか、といった反応でした。その後に連載をまとめて本にすることになったのですが（『現代仏教論』新潮新書、二〇一二）、その時にもまだ担当の編集者は、「あの世」というテーマはどうですかねえ、というような受けとめ方でした。

今まで「あの世」という話題がタブー視されて、表立って語られないような雰囲気がありました。それが今回のように、連続講演というかたちで「あの世」について語られるようになってきたというのは、私にとって感慨深く、ようやくここまで来たかという思いがします。これからしっかりと考えていかなければならない問題だと思います。

ふつうの感覚としての「天国」

今回のテーマを考え始めていた時に、興味深い新聞記事を読みました。和歌山の中学三年生、金岡陸《りく》さんの投稿で、「祖父が亡くなって感じたこと」という題の文章です。この少年は小学生の時から手作りの新聞が好評でマスコミに取り上げられ、毎日新聞に定期的な連載を持っていました。その中の一節です。

彼は祖父が亡くなって死というものを目の前にした時、「怖い」と感じたといい、人は死んだ後どうなるのかと考えます。

> ……死んだ後、「無」になるという人もいるが、ぼくはきっと「あの世」はあると思う。というか、あると信じたい。そう考えなければ、「死」がとても怖くなるからだ、「生」の延長にある「死」は誰もが受け入れなければならない。それをいつも頭の片隅に置いておけば、「今」がどれだけかけがえのないものかわかるはずだ。そして「今」の積み重ねが人生。……
>
> （毎日新聞二〇一七年二月二十一日付）

なんだかスッと共感できる文章だと感じませんでしょうか。これはある意味で現代の日本人が感じている死生観をよく代弁しているといえます。

ここからうかがえる死生観は、まず、死後を否定しないということです。死んだら終わりではなく、その後が何かありそうだということを認め、その死や死後への不安や恐れを持っています。ただしそれは、積極的な強い信念によるものではなく、また理論的に突き詰めた来世観を持っているわけでもありません。

彼の文章には先に引用した箇所とは別の所に、仏教の輪《りん》廻《ね》転生《てんしょう》という話も出てきます。しかしそれはあくまで知識として仕入れたという印象で、自分の中でこなれて納得しているのではないように思えます。それだけに死への恐怖がストレートに表現されているとも言えます。

どうやら「あの世」というものがあるらしい。それは現在のこの世界から継続したところにある。そういう思いは我々にもよくわかります。だからこそ今が大事だ、今がかけがえないということも強調されます。

一般に、死後どこへ行くかと考えるとそれは「天国」だという答えが返ってきます。天国という言葉がいつ頃から使われるようになったのかよくわかりませんが、それほど古くはないだろうと思われます。以前でしたら「浄土《じょうど》へ往生《おうじょう》する」と言っていたのが、今では「天国へ行く」というのが普通の表現として使われています。天国は言うまでもなく仏教の言葉ではありません。明らかにキリスト教の言葉ですが、必ずしもキリスト教の信者だから使っているわけではありません。

よく日本の宗教は神仏習合だと言われます。しかし私は「神・仏・キリスト教習合」だと思っています。キリスト教は日本に根付かなかったとよく言われますが、それは間違いです。たとえば結婚式を教会で行う。かつては神前結婚が主流でしたが、今はキリスト教式が人気です。クリスマスやイースター、バレンタイン、それとハロウィンはキリスト教が起源ではないようですが、そうした宗教に由来する行事がすんなり受け入れられています。イースターを祝うなら仏教の花まつりも祝ってほしいと思うのですが、これはなかなか盛り上がりません。

来世はどこなのか曖昧

こうして見てくると、日本の来世観はとても曖昧だということがわかります。

宗教学者の池上良正《いけがみよしまさ》先生のお話ですが、民間信仰の調査である団体と一緒に山に登った時、途中の決まった場所でリーダーが死者の霊を降ろすと、同行者たちは感激してワーッと泣きだしました。その後で池上先生はその人たちに、死者はどこにいるのかと尋ねると、「いや知らない」と答えられてショックを受けたといいます。こんないい加減なことでいいのか、それが日本の宗教なのかと考えたのが、先生の学問の原点になったというお話を聞きました。

この日本人の来世観について、中世日本史学者の勝田至《かつだいたる》氏は、次の四つのパターンに整理しています。

㈠　行く先は存在しない、消滅する。唯物論的な考え方。仏教の涅槃《ねはん》や儒教の建て前もこれに近いところがある。

㈡　この世とは隔たった別世界に行く。黄泉《よみ》の国、地獄・極楽など。

㈢　輪廻転生してこの世界の別の生物または人間になる。死者は前世のことは忘れる。

㈣　目には見えないが、この世界のどこかにいる。墓にいるというのもその一つ。そう考えての遺族側からの交流行為（墓参など）が行われる。

（勝田至編『日本葬制史』吉川弘文館）

このまとめ方が必ずしもよいかどうかはわかりません。たとえば㈠にある涅槃とは本当にそういう来世否定論の中で捉えてよいかどうかは微妙です。しかしこうした分析は今まで行われてこなかったので、あえてご紹介させていただきました。

㈡の別世界は、㈢の輪廻転生ともつながっています。今でこそ地獄などはあまり深刻には受けとめられていませんが、ある時期までは地獄を恐怖に感じ、地獄に落ちないためにどうしたらよいのかというのが、道徳的な歯止めになっていた面もあります。

今の若者たちはもっとスピリチュアルに輪廻というものを捉えているようで、二〇一六年に公開されてヒットした映画『君の名は。』の主題歌は「前前前世」というタイトルでした。精神世界というか、オカルトというか、そんな観念としてなんとなく受け継がれているようです。

日本人の考え方としては、㈡のように隔たった別世界という感覚はなく、むしろ㈣の現世のどこかにいるという感覚が強いのではないでしょうか。ひと昔前に「千の風になって」

という歌がはやりました。「私のお墓の前で／泣かないでください／そこに私はいません」というのは、逆に言うと、お墓の中にいるという考え方があるからこそ、それを否定するという立場が成り立つのです。

ところが、お墓の中にいるというのも決して古い考え方ではないのです。これをはっきりと言ったのは近世の神道家・平田篤胤《ひらたあつたね》です。ですからお墓と限定せずにどこかにいる、たとえば死者は山にいるといった考え方のほうがその根底にあるわけです。

死の話題は隠蔽されてきた

では、私たちはこのように漠然と捉えている曖昧な死生観を、今後どういうふうに考え直していったらよいのでしょうか。

それを考える前に、近代において死の問題がタブーになってしまった背景を考えてみます。先ほど申したように、私自身の経験からも、こうした問題を取り上げると、何か気持ちの悪いことを言うかのように受けとめられてきたのが事実であり、そのことを反省しておかなければならないと思います。

近代になって欧米から科学的・合理的な思考が入ってくると、極楽などという世界はどこにあるのかと批判され、輪廻という考え方も急速にタブー視されていきました。とくに輪廻は差別問題と絡み、今の不幸は前世の業《ごう》が悪かったなどというかたちで決めつけてしまうようなことも起こりました。

そこで仏教界でも業や輪廻といったことを隠すようになりました。伝統として受け継いできたことがみな非合理的なものとして否定されたのです。そうした流れの中で、来世よりも現世を生きなければならないという教えが強調されてきました。

仏教の中でも特に強く批判されたのは、密教の呪術的な側面です。純粋な宗教はよいが、現世利益《げんぜりやく》を求めて祈祷《きとう》するなどというのは間違いだという主張が強くなされました。とくに戦後になって、そうした前近代的な考え方をなくさなければいけないと、猛烈な運動が展開されます。

経済史学者の大塚久雄《おおつかひさお》（一九〇七〜六六）が面白い話を書いています。長野のリンゴ農家のところへ、「福の神」と称する男が「これは山の神様が祈祷したものだ」とか言って小銭を置いていく。それを農家の人が有難がって、お礼にリンゴをたくさん渡すので、その男は結構な儲けになる。大塚は、こういうことは前近代的な迷信だから改めなければならないと言っています（『近代化の人間的基礎』、筑摩書房、一九六八）。

今考えれば、多額な詐欺を働いているわけでもないですし、芸人による一種の門付《かどづけ》のようなもので、そうした芸にご祝儀《しゅうぎ》を差し上げるのは一つの伝統です。ほほえましい慣習のはずなのですが、そうしたことを呪術だ、迷信だとすべて否定してしまおうとしました。

しかし、結局そうした否定は徹底されませんでした。受験の時はやっぱり天神さんにお参りに行ってお札《ふだ》をもらおうというのは、少しもおかしなことではなく、今も盛んに行われています。それでも一時期に否定されたことの名残りが尾を引いて、まともに議論してはいけないという風潮が続いてきました。

そうした否定の風潮が大きく変わったのが、二〇一一年三月十一日の東日本大震災でした。震災被害の報道を機に、死者を語るということがまるでトレンドとして行われるようになりました。被災地に出た幽霊を見たというお話もよく聞かれました。

これがもし東京のどこかの地域で怪しい現象が起こるなどという話であれば、それは「都市伝説」として、面白おかしく伝えられるところです。しかしこういう話題をふざけて話すほうが、本来は不謹慎だと思います。

私は十年ほど前に東京から京都に移り住んだのですが、歴史ある京都の町では幽霊が出るという話が当たり前にされています。至る所に宗教的なスポットがあり、有名な話では小野《おのの》篁《たかむら》が六道珍皇寺《ろくどうちんのうじ》の井戸から冥土《めいど》に毎晩通っていたなどと言われています。

東京でも探せばそういう場所があります。平将門《たいらのまさかど》の首塚は千代田区大手町のビル群の間にあり、移動させようとすると祟《たた》りのように不審な事故が起こるという伝承があります。

歯切れの悪い仏教界

近代になって、そうした死をめぐる話がまったく消えてしまったかというと、そうでもありません。

霊魂不滅論争というのが明治の終わりごろに盛んになりました。まずキリスト教が布教する時に、死んだら天国に行くという教えを伝えるためには、死後も霊魂が継続するということを前提としないといけない。そこでキリスト教の指導者たちが入門書に、霊魂は不滅だということを記します。

国立国会図書館のデータベースで調べると、一八九〇年に田村直臣という牧師が出した『霊魂の不滅を信ずる理由』という本が最も早い時期のものです。これはキリスト教信者向けの啓蒙書で、そうした本を出発点として議論が始まります。

その一神教の教えが、近代の合理的な考え方とどう折り合いをつけるかが次の問題になってきます。牧師の柏木義円は『霊魂不滅論』（一九〇八年）で、「人は心霊に於《お》いては、其《その》無限の発展を望んで止まないのであるが、併《しか》し誰も現世に於ては決して其完全に達し得ないのである」と述べています。自我を確立するために理想を求めて進んで行くには、現世だけでは終われないというわけです。これは今でも納得できる見解で、宗教を問わず成り立つのではないかと思います。

このようにキリスト教の教義にもとづき、霊魂不滅の論が提出されます。これに対して困ったのが仏教側でした。正直言ってスッキリしない対応で、歯切れの悪さを見せます。

明治時代に超宗派の仏教組織である新仏教同志会というグループがありました。この会が識者百八十余人に質問状を送り、回答を得た八十五通が『来世之有無《のうむ》』（一九〇五年）という本にまとめられています。私もまだ分析の途中なのですが、質問は「未来世界の有無」「其《そ》の有無を断ずる理由」「若《も》し有なりとせば其の状態如何《いかん》」の三つです。

答えはバラバラな中、ハッキリしているのは浄土系の回答で、「極楽往生します」というようなことを迷いなく述べています。しかしこれは浄土教の教えの通りを示したにすぎず、あまり面白くありません。

読んでいてずるいなと思うのは、回答を逃げている人が大勢いることです。「いま忙しいから」「これから出張」などと理由をつけて、けっこう有名な知識人も回答を避けています。

はっきり死後を否定している人もいます。東大総長にもなった政治学者の加藤弘之《かとうひろゆき》（一八三六～一九一六）は「僕は、どう考へても、来世があらうとは思はれぬ」と答えています。

ところが仏教者は曖昧な回答が多くあります。禅者の忽滑谷快天《ぬかりやかいてん》（一八六七～一九三四）は、来世というのは子孫が続いていくことだと結論づけています。子孫繁栄はおめでたいことですし、日本人としてわからないでもないのですが、しかしそういう話なのかなと思ってしまいます。

ハビアンの仏教批判

仏教において来世の考え方があまりハッキリしないというのは、見てきたように近代に合理主義が入ってきて従来の教説が総崩れしたという面もあるのですが、実はもっと前の時代から問題にされていました。江戸時代の議論を見ても仏教の立場がハッキリしていないところがあります。

不干斉《ふかんさい》ハビアン（一五六五～一六二一）は、日本人のイエズス会修道士です。遠藤周作の小説『沈黙』（一九六六）には、江戸時代初頭にキリスト教の布教に来た聖職者が弾圧を受けて信仰を棄てる様子が描かれています。ハビアンものちにキリスト教を棄てるのですが、彼は弾圧を受けて信仰をやめたのではなく、ヨーロッパから来た修道士たちから日本人の自分が低く扱われるのが不満だったと言われます。のちにはキリスト教批判の本も書くようになります。

ハビアンが修道士だった時に書いた『妙貞問答《みょうていもんどう》』（一六〇五年）は全三巻で、上巻は仏教批判、中巻で儒教や神道を批判し、下巻でキリスト教（貴理師端）の説を出して、理路整然とした論の進め方をします。この本は面白い問題設定に拠っていまして、「現世安穏《げんせあんのん》、後生善所《ごしょうぜんしょ》」を目的として掲げるのです。つまり、この世で平穏に暮らし、来世で良い所に生まれたい、この願望を叶えてくれるのはどの宗教かという議論の進め方をするのです。

そうすると仏教だって極楽浄土に生まれるのだから良いじゃないかと思われるのですが、ハビアンの考えでは仏教ではだめだとされます。

「諸宗何《いずれ》モ、極《きわめ》テハ仏モ衆生モ地獄モ極楽モナシト云《いう》処ヲ、宗々ニ名ヲカヘテ色々ニ申斗《もうすばかり》也」

要するに、いくつもの宗派がいろいろなことを言っている、でも検討してゆくと、究極の立場からすれば地獄も極楽もあくまで方便《ほうべん》であって、実在するものではないと。仏教では絶対の実在というものを説かないのが原則ですから、あるといってもそれは仮の存在であるというのです。

次に儒教と神道の批判を挟み、最終的に目的を満たすのはキリスト教だけだというのです。項目だけ上げますと、「現世安穏、後生善所ノ真ノ主《しゅ》一体在《い》マス事」「後生ノ善所ハ、ハライソト云《いい》テ天ニアリ、悪所ハインヘルノト云テ地中ニアル事」などということが論じられています。

我々の希望を満たしてくれる本当の主たる神がいる。後生善所はハライソつまりパラダイスで天にあり、悪所はインヘルノつまり地獄で地下にあると説いています。唯一神のもとで天国や地獄は絶対のもので、キリスト教によって来世の幸福が得られるのだというわけです。

こうなると、仏教では来世を説きながらも、どうも危うくなってきます。

仏教の混乱は江戸時代から

では、この仏教が儒教と論争するとどうなるでしょうか。

江戸時代初期に儒者の林羅山《はやしらざん》（一五八三～一六五七）が在家の仏教徒である松永貞徳《まつながていとく》（一五七一～一六五四）と論争した『儒仏問答《じゅぶつ》』という記録が残されています。貞徳は京都の町人で法華の信仰を持ち、俳諧の世界でよく知られた人で、羅山とは親しい友人です。

来世の問題については、羅山が「畢竟仏氏《ひっきょうぶっし》は、陰陽開闢変化聚散《いんようかいびゃくへんげしゅうさん》の理を知らざるなり」と言っています。つまり、儒家によれば、この世界は陰と陽の根本原理で成り立ち、それが変化していると考えるが、その道理が仏教者にはわからない、というのです。こういう合理的な考え方からは、来世という問題は表に出てこないのです。それに対して貞徳は、「（儒者は）三世《さんぜ》の有《あ》る事をしらず」、仏教が説く過去・現在・未来という三世を儒者は知らない、と答えています。

このように仏教側の立場としては三世というものを説き、庶民の間では業と輪廻という考え方はかなり定着しています。儒教との論争ではそこが仏教の強みとして現れているわけです。キリスト教から見ると、来世の説き方が弱いとされたのに、儒教と比べた場合は、仏教は来世主義を説くというように、その姿勢が逆転したようなことになるのです。そうした立ち位置が仏教の曖昧さにつながっているのかもしれません。すでに江戸時代に仏教の来世観は混乱しているともいえます。

江戸時代中期の増穂残口《ますほざんこう》（一六五五〜一七二四）は面白い人で、元は日蓮宗の僧侶だったのが還俗《げんぞく》して神道家になります。残口は人間の根本は愛であるとして、恋愛至上主義のような神道を説くのです。この残口が仏教の来世観の曖昧さということを問題にしています。

依所《よりどころ》なく久《ひさし》く地獄、極楽の感報のみ聞馴《ききなれ》て、虚《うそ》やら実《まこと》やらの分別にも及ばず。儒の心魂《しんこん》散滅《さんめつ》は、一向に高邁《こうまい》にして納得せず。儒にもよらず、仏にもよらず、両楹《りょうえい》にたゞよふものあり。

（『神国増穂草』）

仏教はどうもあやしいし、かといって儒教も腑に落ちなくて、どっちつかずになっている人もいるというのです。だからこそ、死生観をしっかり確立しなければならない、という意見は当時からあったわけです。

死後の問題がスッキリしないというのは、たとえば本居宣長《もとおりのりなが》（一七三〇〜一八〇一）においてさえもそうなのです。宣長は、

ただ死ぬればよみの国に行くものとのみ思ひて、かなしむより外《ほか》の心なく、これを疑ふ人も候《そうら》はず、理屈を考へる人も候はざりし也。さて其《そ》のよみの国は、きたなくあしき所に候へ共《ども》、死ぬれば必ずゆかねばならぬ事に候故《そうろうゆえ》に、此《こ》の世に死ぬるほどかなしき事は候はぬ也。

（『鈴屋答問録』）

と言っています。ここで念頭に置かれている「よみの国」は、イザナギ・イザナミの神話で知られています。イザナミが先に亡くなり、イザナギが死者のいるよみの国を訪ねて連れ返そうとする。イザナミがこちらを見ないでと言うのに、イザナギが好奇心から覗くと、そこには蛆虫《うじ》がわいた醜い姿があって、びっくりして逃げ出すというお話です。

つまり仏教が伝わる前には死生観というものがハッキリ確立されていたわけではなく、当時はよほどの権力者ならば古墳を造って葬られましたが、たいていは死ぬと山などに遺体を放置されていたということが、このように表現されています。死んだら「きたなくあしき所」に行くと考える宣長は、これはどうしようもなくあきらめるしかないというわけです。

日本の神道は死後の問題をほとんど扱ってきていません。宣長の後に平田篤胤《ひらたあつたね》（一七七六～一八四三）が出て、初めて死後について語られます。篤胤は、死者は死んでもこの世界を離れないという、なんとなく日本人が納得できる説を展開します。

冥府《めいふ》と云《い》ふは、此顕国《このうつしくに》をおきて、別に一処あるにもあらず、直《ただ》ちにこの顕国の内いづこにも有《ある》なれど、幽冥《ほのか》にして、現世《うつしよ》とは隔たり見えず。……社《やしろ》、また祠《ほこら》などを建て祭りたるは、其処に鎮《しず》まり坐《お》れども、然在《しから》ぬは、其墓の上に鎮まり居り。

（『霊能真柱』）

ここに墓の中に魂があるという話が初めて出てくるのです。篤胤の考えでは、死ぬとどこか別の所に行ってしまうのではない。よみの国はあるのですが、死んだ者が行くわけではないというのです。

私たちには死者が見えないけれども、死者の側からは私たちの世界が見えていて共存している、そういう面白い見方を篤胤はしているのです。これが日本人にとって受け入れやすい考え方だったのではないでしょうか。

輪廻をプラスに捉えてみる

では仏教ではどうなのか、ということを最後に考えてみたいと思います。

一つには、先ほどから出ています、輪廻という考え方があります。これは近代までずっと続いてきていて、作家の太宰治《だざいおさむ》（一九〇九～一九四八）が小さい頃にお寺で地獄絵を見て泣いたという有名な話もあり、その頃までリアルに受けとめられていました。ところがこの輪廻論は、科学的でないということや差別の問題に関わるといった理由で批判を浴び、仏教側が取り下げてしまうという結果になります。日本仏教はこういうところが情けなくて、何か言われるとすぐ逃げてしまう傾向があります。

チベット仏教では頑として輪廻を認めています。ダライ・ラマ十四世は科学と仏教との融合といったことを説きながら、科学と唯一違うのが輪廻転生だとおっしゃっています。輪廻するからこそ、修行してそこからの解脱《げだつ》を目指さなければならないというわけです。

ところが日本の場合、輪廻説を簡単に超える道がある、という議論になってきます。たとえば極楽浄土というのは阿弥陀仏に導かれて行く輪廻の外の世界です。あるいは密教では即身成仏《そくしんじょうぶつ》、禅宗では頓証菩提《とんしょうぼだい》という教えがあって、それで終わりという話になります。

なぜ先ほどの『妙貞問答』のような誤解が生まれるのかというと、理論的には「空《くう》」であるという議論になってくるからです。極楽も地獄も方便に過ぎず、「空」の立場に立てばすべて平等と見られます。しかし、これは究極の仏の世界になって到達できるのであって、我々の現実ではありません。二諦《にたい》説でいうところの第一義諦《だいいちぎたい》の話で、輪廻が乗り越えられたところではじめて実現されるのであり、我々にとっては輪廻はあくまでも現実です。

そうした中で、いちばん可能性を持ちうると私が思うのは、輪廻をプラスの方向で考えるということです。輪廻というとそれだけで悪いことのように思われ、そこから抜け出さないといけないと考えられがちです。しかしそうではなく、私たちが遠い過去からずっと生まれ変わってきて、今こうして人間として生まれ、未来にまた別のいのちに生まれ変わってゆく、ということをプラスに捉えることもできるのではないでしょうか。

実は、そういう考え方はすでに原始仏教以来あるのです。悟りというのはこの場でパッと実現するわけではなく、長い修行の末に生まれ変わって最終的な悟りに至ると考えられてきました。修行の段階に「四向四果《しこうしか》」というのがあります。預流向《よるこう》・預流果《か》・一来向《いちらい》・一来果・

不還《ふげん》向・不還果・阿羅漢《あらかん》向・阿羅漢果という八つの段階です。これが「菩薩」という考え方になってくると、ブッダが悟りを開いたのは前世で限りなく善行を積んできたからだと考えられるようになります。

そう考えれば、繰り返し生まれ変わることが決してマイナスではなく、修行を積み重ねている段階だと受けとめることができるはずです。この世界だけでは実現し得ない理想を生まれ変わって実現してゆくという思考は、決して馬鹿にできるものではないと思うのです。

死者が導いてくれる

死者が私たち生きている者にとってどんな意味を持っているのかということを、近代の思想家たちも考えてきました。

哲学者の田辺元《たなべはじめ》（一八八五〜一九六二）は、晩年に「死の哲学」として、死者との実存協同ということを語っています。具体的には禅の話（『碧巌録《へきがんろく》』第五十五則）を取り上げます。漸源《ぜんげん》という若い僧が生死の問題を解決できないうちに師の道吾《どうご》が亡くなってしまい、いろいろ苦労する中で兄弟子にあたる石霜《せきそう》の指導を受け、ハッと悟りを開く。そして、お師匠さんは亡くなったけれども、亡くなってもずっと指導してきてくれたんだということに思い至る、という話です。

……先師道吾が自分の問に答へなかつたのは、彼をしてこの理を自ら悟らしめるための慈悲であり、その慈悲いま現にはたらく以上は、道吾はその死に拘らず彼に対し復活して彼の内に生きるものなることを自覚し、懺悔感謝の業に出でたといふのである。

（田辺元「メメント・モリ」）

これなどは納得できる話だと思います。死者との実存協同とは、死んだ人が生きている人と一緒になって、生きている人を導いていくということです。

歴史学者の上原専禄《うえはらせんろく》（一八九九〜一九七五）はもっと過激ですが、今となってみれば大きな問題を提起しています。

アウシュビッツで、アルジェリアで、ソンミで虐殺された人たち、その前に日本人が東京で虐殺した朝鮮人、南京で虐殺した中国人、またアメリカ人が東京空襲で、広島・長崎の原爆で虐殺した日本人……

（「死者が裁く」、『死者・生者』）

そういう死者たちが私たちに働きかけてきて、死者によって責められ、裁かれているのだというのです。

戦争で死んだ人たちをどう受けとめるか、これは今とても大切な視点だと思います。靖国問題にしても、私は論点が少しずれているような気がします。戦争で死んだ人たちが私たちに何を呼びかけているのか、そのことに対して謙虚に耳を傾けなければいけないと思います。

いつまでも戦争で亡くなった人たちの存在は小さくなるどころか、さらに大きくなっている、それはなぜなのか。死んだ人たちの力というのは死んでなくなるわけではなくて、生きている人たちに働きかけてくると考えなければいけないだろうと思うのです。

そのように、死んで終わりなのではなく、「菩薩」としての働きというものが続いていくのだということです。仏教の基本的な教えもここにあるのではないかと私は思っています。

3

大悲心による世界の二重化

本多弘之

亡くなった後の世界がある？

「あの世」といいますとまず思い浮かぶのは、親しかった人が亡くなってどこへ行ったのか、ということでしょう。形ある身体が「この世」からなくなって、自分からは見えない世界に行ったと感じている人は多いのではないでしょうか。

そういう感情について私は、若い頃には単なる妄念だと思っていたのですが、年をとるにしたがってそうも言えなくなってきました。祖父母が亡くなった時には、もう消えてなくなったのだと切り捨てていましたが、二十年ほど前に父親が亡くなり、最近では同級生の友人がぽつぽつ亡くなってゆくようになって、さまざま考えさせられています。

哲学者の三木清《みききよし》（一八九七〜一九四五）が、昔は死が恐かったけれども、自分の親族や知人が亡くなると、この世の知り合いよりも亡くなった人の数のほうが多くなってきて、自分もそういう懐かしい人のところに行くと感じられるようになり、死が恐くなくなったという文章を書いています。五十歳が寿命だといわれた当時、しかも太平洋戦争の真っ最中ですから、哲学者といわれるような人でも、亡くなった後の世界があると感じていたのです。これは信じるとか信じないという話ではなく情念として、懐かしさを感じる場所がきっとあるのではないか、というレベルの話です。そういうことを私共の宗派の住職の中にもまともに説く者がいます。

検事総長を務めた伊藤栄樹《いとうしげき》（一九二五〜一九八八）さんが「人は死ねばゴミになる」と発言して顰蹙を買いましたが、これは一面では、生命は物質の集まりに過ぎないという科学的な教育を受けてきた世代の正直な意見ではないかと思います。

情念が要求している死後のあの世というものも、人間の理性の側からはそんなものはあるはずがないと否定しますから、あの世を信じるというのは何となく後ろめたいというのが、多くの現代人の正直な実感ではないでしょうか。しかし、この世とあの世の二つの世界を感ずることなしには、私たちは生命を考えられないということが付いて回っているのです。

釈尊の教えが大乗仏教に発展

インドの民俗信仰としての六道輪廻《りんね》という考え方は、我々のいのちは生まれ変わり死に変わりして、ここで生きている私が死ぬとまた別のいのちになって相続してゆくと考えました。それは「アートマン（我《が》）」があって、持続するからだということでしょう。しかし、苦悩を感じさせることの根本に、この我の執着があり、それは実は妄念に過ぎない、真実は「無《む》我《が》」（アナートマン）なのだ、と気づかれたのが釈尊でした。釈尊は、この私がまた生まれ直して苦悩の生命を味わうことは必要ないと言える智慧《ちえ》を開くことが「無我」の悟りであるとして、仏教は「後世《ごせ》を待たず」、次の生命を待たないと宣言されたのです。

その後、修行してそういう無我の智慧を開くことが仏教だという教えが高度に発展していった結果、何か条件を設けて難しい道を成し遂げた者がブッダとなるのだという理想像を作り上げ、次第にその求道《ぐどう》の過程を歩んだだけではブッダにはなれないという教えになってゆきました。

これに対して、いやそうではないはずだ、誰もがこの世で眼《まなこ》を開けば生まれて良かったと言える、そのような大きな視点で自己も世界も理解し直してゆこうという大乗仏教の運動が起こり、そこからたくさんの大乗経典が生まれてきました。

ブッダとは歴史上の釈尊一人ではなく、仏教の歴史を引き受けて仏になろうとすることから、諸仏の考えが現れ、そのことを信ずることにおいて我々自身も仏になることができる、そういう道筋を法《ほう》（ダルマ）として明らかにしようとして、大乗の思想が展開しました。釈尊個人が語っただけが法だと考えるのは狭い執着で、言葉にとらわれることになります。言葉の意味を深く尋ねてゆくことが仏法を聞くということであって、ただ言葉の表面的解釈をするだけでは間違いである、それを大乗仏教では「義《ぎ》に依《よ》りて語《ご》に依らざれ」と言います。

言葉の原初的な意味だけを正しいとするのではなく、それが人間にどういうメッセージを伝えているのかということを聞き止めるべきである、こういう姿勢で大乗仏教が発展しました。

大乗の教えを受けとめて、これこそがブッダの願いだと共感する者たちが増えてくる中で、インドから中国へと広がってゆくには、言葉を咀嚼して意味を十分に理解するために、経典の解釈をくぐった翻訳が不可欠でした。「言葉は月をさす指である」と、『大智度論《だいちどろん》』では言われます。月は真理を表します。言葉にならなければ人に伝達できません。言葉を選び、言葉の中に自分が体験したことを人に伝えるように工夫されてきました。

それまで中国には仏教の言葉が一つもなかったので、翻訳者は儒教や道教の言葉を借りたりしながら仏教の思想内容を言葉で考えられるよう努力して翻訳しました。それらが経典となり日本にも伝えられて今も仰がれているのです。

大乗仏教の中に浄土《じょうど》という思想が出てきます。浄土とは、悟りを開いたブッダがまします場所です。そこは単に自分だけが感じている環境というだけにとどまらず、そこに集まってきている方々に、他の環境では感じられないような仏道への刺激を感じさせる、そういう力をブッダは持つのだというのです。仏の浄土、すなわち仏土《ぶつど》を開くことが仏になることである、というのが大乗仏教の考え方になるのです。

唯識《ゆいしき》思想の大成者である無著菩薩《むじゃくぼさつ》の『摂大乗論《しょうだいじょうろん》』には、修道の結果として菩提《ぼだい》（悟り）が与えられると共に、浄土が開けるとされています。衆生が浄土という場所にふれることは、仏に対する深い信頼と、仏の功徳《くどく》を受けとめる状況が与えられるという考え方が出てきたのです。

ここに浄土教と言われる思想が生まれます。そこには菩提心を持つ法蔵《ほうぞう》菩薩という人間像が現れます。法蔵菩薩は実在の人物ではなく、菩提心を象徴する名です。法蔵（ダルマーカラ）という名のもとに大乗の課題である菩提心、すなわち一切の衆生を救うという課題を担う願《がん》心《しん》が語り出され、その願心を成就《じょうじゅ》するために、仏の浄土を開くということが、大乗のサンガにおいて議論され、練られて、経典が編纂《へんさん》されていったのであろうと思われます。

大乗経典というのは、どこで誰が生み出したのかまったくわかっていません。仏教徒が集まるサンガ（仏弟子の集合体）があって、ブッダの願いを聞き当てるためにサンガで大乗経典が生まれてきたのでしょう。そういう流れの中に浄土三部経も生まれてきました。

濁世を転換すれば浄土になる

この世とあの世という言葉には、自分にとって懐かしい人がいる場所に自分も行きたいと信じたい、という情念的な面があります。ブッダの悟りは、この世だけでいいと言い切った。

けれども、いかに清浄《しょうじょう》なさとりを求めても、この世は限りなく汚れている穢土《えど》であり、死後のあの世にこそ浄土があるという捉え方が残ってきます。

自分は穢土の濁世《じょくせ》に生きている煩悩具足《ぼんのうぐそく》の凡夫《ぼんぶ》で、浄《きよ》い世界になど住めない。「水清ければ魚《うお》棲《す》まず」などと言いますが、我々はとても浄土などには行けない、やっぱり穢土のほうが住み心地が良いと考える程度の人間です。穢土で経験している悩み苦しみがまったくなくなる世界が浄土で、それがあの世と重なって、浄土は死後の世界だと考えるように展開してきたのです。

一方で、悟りが開ければ浄土だとする立場もあります。「いのちあっての物種《ものだね》」と言うように、生命があることが意識することであり、意識があるところにこそ清浄なる智慧が開けるのですから、智慧において清浄な場所を感じられるはずだというわけです。『維摩経《ゆいまぎょう》』「仏国品《ぶっこくほん》」では、この濁世においてこの世を浄めるという願いが動くところに浄土があると説いています。菩提を願って生きるという菩提心こそが浄土であるというのです。

菩提心は課題が深く広いのです。中でも菩提心が衆生を救うという利他《りた》を課題にしようとすると、これはきりがありません。人間には、いくら努力しても浄くなれないという悲しみがあり、自分自身が悟りを開くというのも、濁世を生きる凡夫には不可能だと思われます。それでもあきらめきれず、限りなく歩み続けるのが、『華厳経《けごんぎょう》』が説く菩提心の人間像であるといえます。

しかしこれは、濁世の中にあって浄土を見る、濁世の中で土を浄めるという願心において、浄土を生きるということが成り立つという立場です。ということは、この世とあの世がまったく別の世界ではなく、接しているといいますか、濁世を転換すれば浄土になるというような見方が出てくるのです。このことと、無著菩薩が悟りを開くなら必ず仏土が開けるとして十八の功徳（十八円成《えんじょう》）を語っていることから、具体的に仏の世界が開けた場合には、衆生《しゅじょう》に対してどういうはたらきをするのかを教えられます。

サンガにおいて菩提心を深めてゆくという求道者同士の問題展開の中で、どういう願心が本当なのかということが問われるようなことがあったのであろうと思います。その願心があらゆる衆生を包もうとしてくるとなると、そこにはやはり、単にこの世だけで菩提心を展開するというような、有限な人間が有限的に処理する発想では間に合いません。法蔵菩薩は、未来世にわたってあらゆる衆生を救おうという菩提心を成就せずんばやまんと誓うわけです。個人で背負えるような願心という話ではなくなり、一切衆生を救い遂げなければならないという大きな物語になってきます。

そうなると、この世とあの世は単に相対する二つの世界で、この世は濁っているからきれいにすればいいんだという発想だったものが、あらゆる衆生の濁りを本当に転じて、満足のゆく環境を建立《こんりゅう》するという大問題になってくるのです。

一方に、どこまでもこの世で悟りを開くというのが仏教の本来だから、この世以外の世界をあてにするなんて必要はないはずだということで、自己の心に起こる清浄性を信頼して仏土を成就しようとするという道があり、その逆にこの世で人間が願心を成就することはできないけれども、この世の苦悩の衆生すべてを包んで成就する場所を開きたいという願心の呼びかけを信ずる、浄土教という教えの流れが出てくるのです。

穢土と浄土、聖道門と浄土門

法蔵菩薩の願心が成就した時の名乗りであるアミターユス・ブッダ、あるいはアミターバ・ブッダ、これに中国では阿弥陀仏という漢字を当てました。過去現在未来の一切衆生を包んで開くのがわが国土である、と広大無辺な場所を願いとするのが阿弥陀仏です。一方で、自分はこの場所で悟りを開いたという諸仏の浄土も生まれます。諸仏の世界に対する阿弥陀とは、どういう関係かというと、諸仏によって誉められるようなブッダでありたいという願《がん》が阿弥陀（無限なる慈悲と智慧）となってくる。自分としてはそういうふうにはなれなかったけれど、あなたの願心には賛同するというのが諸仏の仕事になる。阿弥陀は諸仏に名をとなえてほしいという願を見いだします。阿弥陀の願の中に諸仏を認め、諸仏に誉められることによって自分が成り立つという願が生まれてくるのです。

ですから二つの世界には、この世とあの世という素朴な関係と、穢土と浄土という関係と、聖道門《しょうどう》と浄土門という関係があることになります。

聖道門では、この世で悟りを開けば開いた場所が浄土になる、自分が開いた世界は仏と等しくなる、ということがまことしやかに言われるようになります。天台宗《てんだい》の本覚《ほんがく》思想などでは、この身が阿弥陀仏であり、自分が阿弥陀仏として感じている世界が浄土である、というような解釈がされるようになります。浄土経典を聖道門の関心で理解しようとしているからです。

原子力の問題にせよ、排気ガスの問題にせよ、いくら反対をとなえようと、この世を汚すような文明社会の生活は、我々も大きな因縁の中で、知らない間に加担しているのを避けることはできません。この濁世を濁世としてあきらめざるをえないから、死んだらお浄土だという話がなぜか説得力を失わないのです。こっちでだめだからあっちで恨みを晴らすというように、二つの世界を区切って教理学を構築することは、人間の理性の営みとして起こる必然性があるのです。

浄土教では、個人では成就できない願心を法蔵の名で必ず成就しうると信じます。これを成就させずにはおかないと誓って成就したのが阿弥陀です。これは願心の深みを言葉で表そうとして名になったのであり、その願に気づいて名をとなえるのです。それが起これば、仏の願った国土のはたらきが何らかのかたちで名を念ずるものに来るのだというのが、『無量寿経《むりょうじゅきょう》』の教えだと思います。

自力をあきらめて専修念仏へ

聖道門を奉じているすべての人が、自分さえよければ良いと思っているのではないとはわかっていますが、自分の力で悟りを開けば濁世が浄土に変わるという信じ方で考えるなら、置いてきぼりになる人が出る、そのことを忘れるという傾向が、聖道自力には強くあります。それは一面では、世界の人類がみな潤うべきだというような抽象的な理論よりもずっと積極的・現実的なわけで、それが主流になりがちです。我々は凡夫として生きていますから、平等であらねばならないと理念としては思っていても、現実には近隣の人同士や、親子・夫婦でけんかをしていたりしますから、その考え方では、いわば落第生でしかないのです。

私は親鸞《しんらん》聖人の教えを聞いてきた者です。親鸞は二十年にわたって比叡《ひえい》山で聖道門の道を学びました。比叡山にも浄土教の教えが入って来ていました。自力の求道心の人たちも、阿弥陀の大悲《だいひ》を抛りどころにせざるを得ないという問題を感じていました。自力と他力の両輪が矛盾を持った人間存在のあり方として、一人の人間の中に引き継がれてきていました。

浄土教によって仏教を自身に引き受けて、無上菩提を成就できると宣言した初めの求道者は天親《てんじん》（世親《せしん》）菩薩です。無著菩薩の弟として『摂大乗論』の註釈書を作ったりもしていますが、『無量寿経』の偈文《げもん》を書いて「仏教と相応できた」と言われています。このように身は聖道門にありながら浄土門の道を信じるというかたちで、自分で悟りを開こうということと阿弥陀の救いが与えられているということとが両立している、という流れがあり、それが比叡山に伝わって来ていたのです。

恵心僧都源信《えしんそうずげんしん》がそうでしたし、法然《ほうねん》上人も親鸞聖人も、天台の教えを学びながら浄土教にふれてきたのです。矛盾しているように見えても両立してきました。それを法然上人は、自力の修行をあきらめ、阿弥陀の名を念ずることに専念したいとして、専修念仏《せんじゅねんぶつ》の道に進まれます。

法然上人は、天台浄土教の流れのように自分が念仏で阿弥陀になるような道をとらずに、自分はどこまでも愚者《ぐしゃ》として、阿弥陀の大悲に救い取られる道を生きていこうとしたのです。ですから法然上人ご自身は現世を生きているところで阿弥陀の大悲に接するのを喜びと感じられていたと思いますが、どこか死後の救いに任せるようなニュアンスが残っています。

法然上人の信念は、自分で菩提心を成就してこの世を仏土にしてゆこうというような、自力の発想ではありません。法蔵菩薩の願心に帰託されているのです。その願心は、無限のあらゆる衆生を平等に摂《おさ》め取って国土を建立したいというのですが、その法蔵菩薩の願心がすでに成就していると教えられています。因《いん》であるものが果《か》になって、果であるものが因としてはたらくというこの物語は、一体どういう意味があるのか我々にはよくわかりません。法蔵菩薩が建立した浄土は現に我々が生きている濁世ではないのだから、死んでからの話なのだろうと勝手に考えるわけです。

物語としてはそんなことを言っていません。『無量寿経』は、法蔵菩薩の願心はここに成就している、成就しているままに願心である、こういうことが成り立っている経典なのです。人間の心でそうしたことが成り立つというわけではありませんが、物語として成就している。ということは、願心は成就しているにちがいないが、我々はそれに背いて生きているという自覚が、そこから生み出されるのです。

日常的情念と宗教的救済の並立

人間は虚偽である、罪悪である、煩悩具足である、自分は人間として生きているが、自分がどこまでも不純粋であり、自分に苦しむ存在であり、他に迷惑をかける存在であり、救いがたい存在であるということを深く自覚しながら、しかし阿弥陀の大悲は必ず十方衆生を救わずんばやまぬと誓ってくださっているのだから、これを信ずる。信じたら助かるかというと、信じて助かる面と、それにもかかわらず背いている自分が見えるという面とが常にあるのです。

ここが親鸞聖人という人のすごいところだと思います。この世で悟りを開いたら浄土だなんて能天気なことを言うのはどこか焦点がぼけています。我々自身はどれほど鈍感であってもこの人生をつらく悲しいと感じないわけにはゆかない。自分が死んでゆくことをいやだと思わない者はいないけれども、死を避けることができないのは事実です。避けることのできない生老病死という苦悩の只中に、大悲の本願《ほんがん》を聞くのです。

どれだけこちらが濁っていようと、大悲のはたらきは摂取不捨《せっしゅふしゃ》、どこまでも摂め取って捨てない。救い取ってやまないと誓ってくださっています。しかしいくらそう言われても、自分はそれにふさわしい人間ではありませんと言わざるを得ないような面を生きていますから、このまま浄土へ摂め取られるのだから絶対安心だなどと言うことはできません。どうしても不安なものは不安ですし、いやなものはいやなのです。

生きるということは、状況を生きることですから、状況の都合が良ければ喜べるけれども、都合が悪ければ苦しいと思わざるを得ないのが凡夫なのです。凡夫とは有限な身が状況を生きるかぎりにおいて煩悩を起こす必然性があります。凡夫として生きるところに大悲は常に照らしてやまないと、向こうから言ってくださるのを、我々の側ではそれを信じるしかないのです。それを信じて苦悩の人生を生きていけるという力をもらうのです。

そういうわけで、親鸞聖人は死後の救いなどとはおっしゃらないのです。人間の課題はまったく尽きることがないのですが、親鸞は五濁悪世《ごじょくあくせ》を大罪悪人として生きているという自覚を持っています。けれどもそれを照らしてやまない大悲があるということが、我々の本当の支えとなるのです。大悲を信じるのが、南無阿弥陀仏を信じて生きていく道であり、それは現生《げんしょう》において生きているところに常に向こうから与えられる、そういう構造を親鸞聖人は徹底し、現生で助かるということをおっしゃるわけです。

阿弥陀の側は成仏《じょうぶつ》しているけれども、我々の側は凡夫として生きていることにおいて、阿弥陀の大悲の中に摂め取られている、摂取の光明《こうみょう》に照らされていることを信じる、こういう不思議な構造になっているのです。

二つの世界として、今生きている空間のほかにもう一つ別の世界があるのだと前提する必要はありません。けれども現世で完全に問題が解決するとは絶対に言えません。我々はそういう矛盾した構造を生きています。いのちの必然として生きることが持つ限界と言いましょうか、過去のいのちの歴史が作ったさまざまな能力がこのいのちにも与えられています。この能力の限界と寿命、これをいただいて生きるということは生まれて死ぬことで、しかもそこには身体があります。

寿命を与えられていることが、有限を苦悩と感じることにつながり、苦悩を超えて行こうという要求が起こります。この苦悩を超えるというのは、苦悩がなくなるのではなく、苦悩があることを引き受けて、しかもそこに意味があるというように苦悩の質を転換して見るのです。

浄土に生まれたいと欲する

人生に意味があるかないかなどと大上段から問うよりも、苦悩の衆生を見離さない大慈悲があることに気付く。この大慈悲こそが二つの世界ということを取り込んで、我々が凡夫として生きていることと、大悲が成就した浄土が、本当に願うことができる世界として与えられていて、それが阿弥陀の本願の中の機《き》の三願《さんがん》として教えられています。三願は『無量寿経』の四十八願《しじゅうはちがん》のうち、第十八願、十九願、二十願です。

その願に共通する本質は、浄土に生まれたいという要求を起こしなさい、ということです。

「欲生我国」と言いまして、この我国とは、法蔵菩薩が呼びかけている国です。私が浄土を建立するから浄土を願いなさい、この欲生心を三つの願で呼びかけているのです。三たび呼びかける意味を親鸞聖人は丁寧に見分けます。

第十九願は、人間はこの世を自分で生きている、自分のことを自分で処理して自分なりに生きていこうとする自力の心が仏法の課題にぶつかると、自力を尽くして阿弥陀の浄土に帰していこうとするのです。この世で良いとされている行為をできるかぎりやって浄土に生まれたいという願心です。それが、生きているうちはだめだから臨終に迎えに行きますよ、という答えを引き出すのです。浄土教にとってこの臨終現前《りんじゅうげんぜん》の願が、浄土というのは死んだ後に行く所だと考えさせる契機になっています。つまり大悲の願心が、衆生の情念に呼びかけているということなのでしょう。

この十九願で行けるのは方便化身土《ほうべんけしんど》であると親鸞聖人は見ています。阿弥陀の願心が呼びかけるのですが、衆生の側が自力で、阿弥陀の心を信じようとしない、そういう者には自力が完全に消える臨終に初めてお迎えが来ると教えるのです。この往生を、親鸞聖人は「双樹《そうじゅ》林下往生《りんげおうじょう》」とされています。

浄土宗などには臨終のお迎えという儀式が今でも残っているそうです。今や亡くなりそうな人の枕元に阿弥陀仏の像を置いて、人と仏を五色《ごしき》の糸で結びます。ちょうど船が出港する時にテープをお互いに持って別れを惜しむような感じです。昔は本州から北海道へ渡るなどというともう帰って来られないかもしれず、今生《こんじょう》の別れとなるかもという危機感があって、ああいう儀式になったのだと思います。死ぬことを俗に「お迎えが来る」というのはこの臨終来迎の教えからきているのです。

これは自力で生きているけれども死ぬ時はお願いしますという心が生み出した信じ方です。だいたい我々はこの程度なのです。自分で生きているのだから自分でやりたいところまではやりたい、このままでは浄土には行けないが、せめて死ぬ時には向こうからお迎えが来てほしいというわけです。

自分は自力の心で行こうと思っていたけれど、それは方便化身土であったのです。方便化身土の特徴は、仏法僧《ぶっぽうそう》の三宝《さんぼう》が見失われると教えられてあります。仏法僧がない世界ということは、仏の世界ではなくなるということです。生まれてみたけれどここには何もない、それはつまり真実ではないということを教えて、そうではない世界、自力では行けないと気づいた人には第二十願が与えられます。二十願は、念仏で浄土に行こうとすることです。これもまだ念仏をとなえるところに自力の心が残っていますから、同じく方便化身土だと親鸞聖人は言うのです。この往生は、「難思往生《なんじおうじょう》」とされます。

それに対して第十八願は、完全に如来の大悲のはたらきに任せることになります。自分の努力など役に立たない、そう気づいて南無阿弥陀仏を信ずる、ということは南無阿弥陀仏の本願の大いなるはたらきを信ずることです。南無阿弥陀仏ということばによって呼びかけられる意味を信じるのです。そういうことに出会うというのが信心です。

信心は常に現在形

本願を信ずるということが成り立つところに、南無阿弥陀仏を通して大悲の本願に摂取されるのです。これが摂取不捨の利益《りやく》です。比喩的に言えば、しょせん私たちは仏の手のひらの上で生きているということです。濁世を生きる我々が自力では助からないと思ったことと矛盾せずに、阿弥陀の大悲の光によって助かる世界を与えられるのです。

それは円と線の接点と言ってもいいでしょう。数学では、点には面積も体積もありませんが、点が動くと線になります。私たちが大悲に接するということは、過去から未来へと流れていくと我々が感じている時間の中に、時間を切るようなことが与えられることです。これを親鸞聖人は信《しん》の一念《いちねん》と言います。

濁世の感覚があるかぎり、生きているうちはだめで死んでからだと考えてしまう。けれど濁世を生きることと、阿弥陀の大悲がはたらいて我々に呼びかけていることに気づくこととは、何も矛盾していないのです。

苦悩のいのちを生きているところに大悲がはたらく。このことを信ずるというのは、単にずるずると生きているのではなく、時を切るようなときが与えられるのです。一念といっても、それはたった一点ではなく、点が動いて持続するのです。本願との値遇《ちぐう》がそのまま人生を生きていくといいましょうか。そうなれば、煩悩のいのちをいやがったりきらったりするのではなく、煩悩のいのちに安《やす》んずることができるのです。

煩悩のいのちを自己肯定するのではありません。どこまでも自分は愚かであり罪悪でありますと自覚することと、大悲の救いによって自分は今、煩悩のいのちを超えたと言えるような信念を持つこととが矛盾しないのです。

そもそも宗教的信念というものは、死して生きるという性格を持っているということを、安田理深《やすだりじん》（一九〇〇～八二）先生はおっしゃっていました。死して生きるというのは、このいのちを生きることと、そのいのちに死んで新しいいのちに甦ることとが矛盾しないのです。

新しいいのちに生まれてしまったら、苦悩のいのちは無くなるのかというと、そうではなく、常に接点を持ち、無明のいのちの先端で大悲の本願にふれるということが成り立つのが、阿弥陀の御名《みな》が南無阿弥陀仏となっているという教えとの値遇なのです。南無阿弥陀仏を信じて生きるというのは生涯を尽くして本願を聞いていくことだということが成り立つのです。聞法《もんぼう》とは、日常的情念と本願力を信念にすることとの角逐《かくちく》でしょう。情念を縁として、願力成就の意味を常に聞き開いていくのです。

先日、親鸞仏教センターにお招きしたある研究者は、現代の生命倫理の問題に真面目に取り組まれている先生でした。生命倫理の問題というと、死刑、臓器移植、人工授精、出生前診断などさまざまあり、何がどこまで正しいかを判定するのは大変難しいのです。先生は、こうした問題は宗教的ではあるが、宗教的信念だけで取り組むわけにはゆかないとおっしゃっていました。宗教を信じている人はある意味でうらやましい、けれども信じるということには矛盾があるのではないか、と我々に投げかけてきました。

たとえば死刑について真宗大谷派は反対していますが、その根拠は宗教的信念ではなく倫理的善悪に立場を置いているのではないか、とおっしゃるのです。どこで信念と関係するのかと問われたので、生きているということは必ず宗教的信念にふれるべく生きている、助からない身が助かるという人生観が開けることが人生の目的だとするなら、どれだけ悪事を尽くした人間であろうと、国家権力でその生命を奪うということは許されないという意味ではないかと申し上げました。

すると先生は、それはそうかもしれないけれど、だったらすでに信心を得た人間ならば死刑にして良いのか、という問いを出されました。私が、信心というのは得たら終わりというものではないと答えたところ、ならばそれは信じようとする過程《プロセス》ではないですか、と問い返されました。話はそこで終わったのですが、なかなか難しい問題です。

凡夫で生きることと、大悲を信ずることとは、どういう構造で我々の上に成り立つのかというと、もう出会いましたという過去形で語るべきではなく、常に現在形なのです。これを現在進行形と言ってしまうと、それなら過程ではないか、信念を得たとは言えないのではないかという反論を招きます。いや、得ていても現在進行形であると言える信心が、親鸞聖人の言う真実信心なのです。だから一念であると同時に相続心でもあるのです。

「にもかかわらず」信ずる

純粋持続ということをフランスの哲学者ベルグソンは言いますが、いのちのあり方として純粋持続ということはあり得ないのです。時は念々に断絶しつつ、念々に生まれるのです。時と共に変化するということが起こるのはどういうことかというと、前のものが現在に来て先へ行くと考えるけれども、いのちというのは厳密に言えば、一念一念で切れていながら、つながっているのです。不思議なことですが、変化するというのはそういうことでしょう。

前のままならば変わりようがない。前のままでありながら次の瞬間に変わっているというのは、前のものではなくなったということなのです。どうしてそうなったのかはわからないけれども、そうなっているのです。変わりつつ変わらないのが、生命なのですね。

最近、三木清《みききよし》の文集（『三木清遺稿「親鸞」』白澤社刊）をまとめた子安宣邦《こやすのぶくに》さんによると、戦前の文壇をにぎわした三木清は流行りの右翼思想に乗っかっていて、晩年になって転向するために親鸞について書いたのだと理解していたけれど、実はそうではなく、若い時の論文に、自分は宗教的人間で、『歎異抄《たんにしょう》』にふれているということを書いている。子安さんは、三木清を見直すべきだとしてこのたびの遺稿集を作ってくださっているのですが、その中に「死と伝統について」という文章があります。伝統とは、昔の死に損なったものがずるずると今もあるというのではなく、死して甦ることだという論調なのです。これが三木清の言いたかった一番大事なところだと気がついたというのです。

これは親鸞聖人の信の問題と深く関係しているのです。念々に時は変わる。変わる先端に立って本願と出会う。これがいのちの意味になる。こういう出会いのしかたをし続ける以外に、凡夫として生きるということを乗り越える道はない。これが親鸞聖人の信です。

自分は本願に背くようないのちでしかない、しかし向こうからは摂取不捨の利益で見ていてくださる、それを信ずる。ですから我々は「にもかかわらず」というかたちでこのいのちを尽くしてゆく、これが親鸞聖人の信心だと私は頂いています。

4

なぜ生まれ、老い、死ぬのか

田上太秀

もしも寿命が決まっていたら

唐突ではありますが、皆さんにお考えいただきたいことがあります。もしも生まれた時に、自分の寿命が決まっていたとしたら、どう思われますか？　あなたの寿命は六十歳ですとか、八十歳ですとか最初から決まっていたら、どんな生き方をされるでしょうか？　これをまず考えてみる必要があると思うのです。

生まれたら必ず死ぬというのは、定めであります。寿命が尽きたと言いますが、いったい自分の寿命があと何年かということがわかったら、人はどのような生き方をするでしょうか。寿命はあと三年だと告げられたなら、あなたは善いことをされますか、悪いことをされますか？

私はある連載コラムで、人間の寿命が決まっているとしたら、おそらく人間は善いことをしないでしょう、と書いたことがあります。人間は、自分があと三年で死ぬとわかったら、その間に日々、善行に尽くすように生きる人は多いとは考えられませんが、いかがでしょうか。中には善行の日々を送る人もいらっしゃるかもしれませんが、たいていは、どうせあと三年だからと投げやりになるのが人間なのではないかと考えます。

誰かに頼るとか、神さまや仏さまにすがることもなくなるでしょう。癌が見つかって手術すれば長く生きられるようになると言われても、もともと寿命が三年だとわかっていれば、誰も手術など受けないでしょう。そうなると、なぜ生まれ、なぜ死ぬのかなども考える必要がなくなります。

あと何年生きられるかわからないからこそ、なぜ世の中は思い通りにならないのか、ということが問題となるのです。同様に、なぜ生まれ、なぜ老い、なぜ死ぬのかについても考えなければならないのです。『なぜ生きる』というタイトルの本が売れていると聞きますが、なぜ生きるかよりも、なぜ生まれるのか、なぜ老いるのか、なぜ死ぬのかという問いのほうが、大きな意味を持ちます。

この「なぜ」には、何を原因として生まれたのかということと、どういう目的を持って生まれてきたのかという二つが考えられます。しかし生まれる時にどういう目的で、どんな仕事をしようかと考えて生まれてくる人は誰もいません。私は世のため、人のためになる仕事をしようと生まれてきたとか、恋人同士で私はあなたに会うために生まれたなどと、そういう理由は後付けです。

生まれることに理由などなく、気がついたら人間であったというのが実際です。なぜ老いるのかと言われても、いつの間にか年をとっている、髪が薄くなり、体力が落ちてきて、これが老いなのかと、自分で実感したり、後から人に教わったりしてわかるのです。

死に関しては、これは仏教に限らず同じようなことを他の宗教でも説きますが、死んでぱったり途切れてしまうのではつまらないから、そこにつながりがあるように説きます。神のような存在を想定して生きていく。阿弥陀如来を説く浄土教もそうですし、大日如来を説く密教もそうであるように、いのちとしてつながっているという説き方をします。

しかしこの死を自分に引き寄せて、なぜ死ぬのかと考えてみると、それは決して目的を持って死ぬわけではないでしょう。極楽へ行く、天国へ行くのは目的ではあり得ません。死んだあの人は極楽へ行ったはずなどといいますが、でも連絡がないのですから実際に行けたのかどうかは誰にもわかりません。

目的があって死ぬ人は一人もいません。なぜ死ぬのかという理由付けを自分でできますか。なぜ死ぬのかを考えるには、なぜ生まれたのかという原因を示さなければなりません。そうした問題をこれから考えてみたいと思います。

ありがとうとおかげさま

人は己の意思とは関係なく、この世に誕生しました。仏教の六道思想—地獄《じごく》・餓鬼《がき》・

畜生《ちくしょう》・修羅《しゅら》・人《にん》・天《てん》の転生《てんしょう》世界のこと—によれば、生前の悪業《ごう》と善業の軽重によって、地獄に生まれるものもいれば、天に生まれるものもいます。六道というのはインドの原語では六つの行く所（六趣《しゅ》）という意味です。

ここの天とはキリスト教の天国ではなく、仏教の世界観では輪廻《りんね》転生する世界の一つであって、生まれ変わり死に変わりしながら人間よりもちょっとだけ良い世界のことです。しかし永久に天にいられるわけではなく、そこでの寿命は一説では千年しかないといわれます。人間よりも十倍以上長いのだからうらやましいと思ったら大間違いです。寿命が尽きれば六道のどこかにまた生まれ変わることになり、次にどこに生まれるかが心配でしようがない。善いことと悪いことの積みかさねの重さで、善いことをしていたらそのまま天にいられますが、少しでも悪いことをしていたら、地獄かもしれないし、餓鬼の世界かもしれないのです。

恵心僧都源信《えしんそうずげんしん》は、「それ一切衆生《しゅじょう》、三悪道《さんまくどう》をのがれて人間に生《うま》るること大なるよろこびなり」（『横川《よかわ》法語』）とおっしゃっています。三悪道とは悪いことをした人たちの落ちゆく先で、地獄・餓鬼・畜生の世界のことです。三悪道ではなく人間に生まれることは有りがたきこと、めったにないことである、この「有りがたし」が「ありがとう」の由来です。人間に生まれた有りがたさをかみしめて、本当にうれしいというのがこの「ありがとう」という言葉であって、単なる感謝の言葉ではないのです。

私たちは日頃、感謝の言葉として「おかげさま」と言います。これは、じゃまをしてくれなくてよかった、という意味です。一言も口を出さずに黙っていてくれたのでよかった、などという時に使うのです。もともとはインドのジャイナ教の古い逸話が仏教に入ってきて、因果の理を説く時に使われました。

たとえば夏の暑い時に荒野を歩く旅人が疲れて木陰で休み、英気を養ってからまた立ち上がって歩き始める。旅人が休んでいる間に、その木が「あなた、疲れたでしょうね」などと言って汗を拭いたり足を揉んだりしてくれたでしょうか。何にもしてはくれないでしょう。木はただ陰を落としているだけなのに、旅人にとって木陰は至上の休養をくれたことで、これに勝るありがたいことはないのです。それでこの陰に丁寧に「お」を付けて、その後に「さま」まで付けているのです。ぜひとも大事に使ってほしい言葉です。

妄執によって生まれる

私たちのこの体は、何か絶対なる神が創造したものではなく、己が作ったものでもありません。釈尊は、「この体は己が作ったものではない。他のものが作ったものでもない。原因によって生まれたものであって、原因がなくなると滅びる」とおっしゃっています。

この原因とは何かというと、『法句経《ほっくきょう》』ではそれを妄執と書いてあります。妄執とは激しい欲望のことです。欲自体は必要なものです。勉強したいというのは大事な欲望です。けれども勉強し過ぎてはいけません。し過ぎるという執着が妄執です。名誉や地位に執着する、こだわる。味をしめる、これを味着《みじゃく》といいます。サラリーマンがそばにこだわりすぎて、会社を辞めてそば打ちを始める。一生懸命されている姿はもちろん尊いのですが、仏教的に見れば一つのことにこだわって心が他に向かない、それを味着というのです。

人はなぜ生まれるのかというと、「赤白二滴《しゃくびゃくにてき》の合体によって」といいます。この二とは卵子と精子です。この合体によって一つの生命が誕生するというのが仏教でも説かれます。人間に限らず生き物の生命は妄執あるいは味着によって生まれると仏教では言います。

ですから人間は生まれた時から人生の目標を持っていたわけではありません。十二世紀の中国に在家の仏教者である蘇東坡《そとうば》という詩人がいました。蘇東坡は、「人生はこの世に仮に身を寄せたようなものに過ぎない。最初から行く所など選びはしない（わが生は寄《き》するがごときのみ、はじめより適《ゆ》く所をしらず）」と詠んでいます。

私たちが生まれてきたのは、一時《いっとき》の姿に過ぎず、はじめから行く所などないのに、そこでいろいろと習慣を身に付けたり考えたりして成長していきます。動物もどうやって食べ物を探すかを親の姿を見て習得していくのです。親を真似ることが学ぶことなのです。

生きていると妄執が生まれます。妄執すると悩み苦しみもそこから出てきます。それに早く気がついて、決して妄執してはいけないと考えなければならないのですが、なかなかそうもゆかず、とどまるところを知りません。喜びや楽しみに味着すると、それを忘れることができなくなります。そこを制御しなさいと釈尊は教えられるのです。

苦集滅道《くじゅうめつどう》という四諦《したい》の教えのうち、滅とは、無くなるという意味ではありません。原語ではニローダといい、別の漢字で表すと「遮」のことで、制御するという意味です。だから欲を滅するとは、欲を無くすることではありません。欲が無くなったら生きる意味があるでしょうか。欲があるから生きるのです。善いことをしようという欲が多いほど、その人は成長し、平和に暮らすことができます。

制御しなければならないのは味着であり、妄執です。食欲、性欲、睡眠欲、名誉欲、金銭欲といったものは必要な欲です。ただそれらの欲をバランスよく制御して、欲に支配されないように生きることです。

あの世に何を持って行くか

老の漢字は、腰が曲がって杖をついている形から作られています。インドの原語ではジャラーといい、消耗した状態を意味する言葉です。

老人の類語がたくさんあります。陳男《ひねおとこ》、足弱《あしよわ》、腰折《こしおれ》、黄髪《こうはつ》、白頭翁《はくとうおう》、白首《はくしゅ》など。仏典では、老いは古着のごとし、壊れた車のごとし、しなびた花のごとし、ゆるくなった楽器のごとしなどと喩えられています。昔は肩で風を切って歩いたのが、今は歩いて息が切れる状態、昔の剣が今では菜刀《ながたな》、などという表現もあります。

死の漢字は、白骨が人の前に横たわっている状態を表します。仏典では、生類が寿命と体温と意識がなくなることを死といい、この三つがなくなると「物」になり、獣の餌食になると釈尊は説かれています。私は若い頃に仏典のこの一節を読んで、この言葉がグサッと刺さりました。

死ぬとあの世に行くと言いますが、あの世に行く時に皆さんは何を持って行かれますか？　引越しをするようにはいきません。火葬されると骨だけ残ります。もろい白骨になった状態で持って行きたいものをどうやって運べばいいのでしょうか。持ち運びする力がなく、目がないから前が見えない。だからあの世に持って行くものなんて何もないのです。

死ぬと閻魔《えんま》さまが非常に厳しい顔で面接をして生前の行いを審査するといわれます。『正《しょう》法念処経《ぼうねんじょきょう》』には、生前に悪いことをした者は八熱《はちねつ》地獄に行くと書かれています。煮えたぎった池に入れられたり、豚のように丸焼きにされたり、溶けた鉄を飲まされたり、体を切り刻まれたりとさんざんな目に遭い、息絶え絶えになっているところへ、閻魔さまが来て息を吹きかけると元の状態に戻って、また責め苦を味わわされるのです。

だから閻魔さまは怖い方だというイメージがありますが、閻魔さまのルーツはインドの夜《や》摩天《まてん》という神さまです。最後は釈尊に帰依して釈尊をお守りする役割を果たすようになります。夜摩天は生き物の中で最初に死んだもので、死後の世界を作ったものという神話があります。夜摩天が作った死後の世界はじつは楽園なのですが、いつしか夜摩天は死者を審判する神として死後の世界を支配していると、あまり良いイメージではなくなっていきます。

ウパニシャッドの文献では、亡者が死神に死後の世界はどういうところかと尋ねたところ、俺は知らんと答えます。あなたは楽園を作った人だから知っているでしょう？と言うと、それについては他の者に聞いてくれという会話が記されています。一方、釈尊はこれを用いて、死後の世界はどこかと聞かれたときに、善いことをしたら天に行き、悪いことをしたら地獄に行くだろう、と断定せずにお説きになっています。

死後の世界から帰ってきた人は誰もいません。楽しくて帰ってこないのか、足腰が立たないほどいじめられて逃げ出せないのか、どちらかはわかりませんが、なんとなく納得できる話です。

死んだら「物」になる

人は命根《みょうこん》が絶えると体温が下がり、寿命が尽きたということになります。それを死というのかというと、そうではありません。まだ奥に意識が残っている、だからこの状態で声をかけると涙がポロッと出たり、指先がちょっと動いたりということを私も経験しています。お医者さんがご臨終ですと言ったからといって、すぐに火葬場に運んではいけません。まだ意識があれば火を熱いと感じるかもしれない。最後の意識が消えた時に死と考えるのです。

人は亡くなると「物」になります。たとえば雪山で遭難して救助隊が助けに行き、もし生きて帰ってこられたら、救助の費用はかかりません。しかし残念ながら亡くなっていて、その時に遺体を運んできたとなると、捜索のヘリコプターを飛ばした費用や救助隊の人たちの日当を遺族が払わなくてはならなくなります。死んだら「物」になるという釈尊の考え方はとても科学的です。

来世はあるのかを私たちはよく考えます。つまり過去・現在・未来という時間があるかということです。生きていること自体は今しかありません。しかし今というのは指さした途端になくなります。では今はないのかというとそうではありません。生まれた事実があるので過去があり、まだ死んでいないので未来はあります。その間にも今はあるはずです。人生は最初から今、今、今の連続でしかありません。

生まれる前について、自分は侍《さむらい》だったとか良家の娘だったとか話す人がいます。しかし自分は生まれる前にお父さんとお母さんのどちらにいたのかわかりますか。これに答えられる人はいません。お父さんとお母さんのどちらか一方にいたと答えると、その両親の各々にはまたお父さんとお母さんがいて、問いが永遠に続くわけです。

いったい私とは何なのでしょうか。禅宗では「本来の自己」と言います。私が生まれる前に自己はあったのでしょうか。私たちは言葉に操られてわかったようなことを言いますが、その意味を正していくと、わからなくなってしまうのです。

弘法大師空海は、「生《うま》れ、生れ、生れ、生れて、生《しょう》の初めに暗く、死に、死に、死に、死んで死の終わりに冥《くら》し」とおっしゃっています。人は己の生についても死についても何もわかっていないのです。

衆縁和合で生じ滅する

なぜ生まれ、老い、死ぬのかという質問について、仏教の答えはただ一つ、すべてのものは衆縁和合《しゅえんわごう》しているからです。これが釈尊がさとられた真理です。

この世のものはすべて生じては滅している、すべての条件（衆縁）が整って、調和して生じては滅しているのを、衆縁和合と説かれました。生まれるのも死ぬのも、人の考え方も、記憶していることも、すべて衆縁和合によってある、と釈尊は説かれたのです。

この真理は向こうから現れて来たのです。釈尊が自分で作られたのではありません。修行を通して、なぜ世の中が思うようにならないのかを考えていった時に、世の中は衆縁和合しているからだとわかったのです。

全知全能の神さまは自分だけは永遠不滅なのに、なぜ自分で作ったものは無常で、どうしようもないものなのでしょうか。何をもって全知全能というのでしょうか。私たちは自分が感覚することができる世界に住んでいて、それを超えたところには行けません。死ぬと神に召されるという宗教がありますが、そこが永遠不滅な世界かは行ってみなければわからないのです。

世の中のすべてのものは、衆縁和合して生まれ、衆縁和合して滅しています。さまざまな条件が整うことで現象します。人が生まれ、老い、病み、死ぬのは衆縁和合しているからです。春夏秋冬があるのも衆縁和合しているからです。もし衆縁和合していなかったら、桜の花はいつ見に行っても満開です。それではつまらないでしょう。

人の心も衆縁和合しています。あなたの心は信じられないなどと言いますが、自分の心でさえ信じられないのですから当然です。書かれた文字はその時に考えたことを文字で記しただけであって、文字がその人の気持ちをすべて表しているとは限りません。

衆縁和合しているから、永遠不滅なものはないのです。あるだろうと思っていたものが実はないのです。来世なんて人間が行ったこともないのに考えたのです。私たちは生まれることを経験し、老いを経験し、病を経験してきました。けれども死ぬことだけは経験していません。経験がないから死を知っている人は誰もいないのです。しかし生まれた者は必ず死に、作られたものは必ずなくなります。

あると思ったものがないのが空

私たちがあるだろうと思っているものを、そんなものはないと釈尊は言い、それを空《くう》と表されたのです。空とは欠けていること、あると思っているものがないことです。なぜならば衆縁和合しているからです。条件が依存し合って存在しているので、条件が分散してしまえば、あると思っていたものは何もなくなってしまう、それが空です。空とはそういうありかたを説明しただけであって、空というものがあるのではありません。

妄執や味着といった人間の欲の塊のようなものは始めからないのです。人間の心の動きが、妄執や味着を作り出すのです。煩悩もさとりも仏教が説かなければそんなものはないのです。心も、教えられたから心というのがあるんだと考えていますが、心がどこにあるのかと言われたら誰も知らないじゃないですか。これは言葉の上のからくりと言ったのが空の思想です。

仏教を学ぼうとして経典の解説などをお聞きになっても、それはすべて考えられたもの、作られたものです。それは空であって、いつか消え去るものです。

この世のものは衆縁和合して作られたものです。本来、そのものはなかったのです。つまり中身（実体）がないものです。だからそれを空という言葉で表したのです。

私の恩師の中村元《はじめ》先生はさまざまな分野について知りつくした人で、何十冊もの著作を残されました。中村先生は決して自分のお考えをこうだと表明するようなことはされませんでした。自分の考えに固執されず、宗派というものから離れて、釈尊の生き方を見つめていこうとされていたのです。空を熟知され、それを実践されていたのです。

先に、来世に何を持って行きますかと問いかけました。死後はないとは言い切れないのですが、この世は衆縁和合しているのですから、どうなるかはわかりません。

釈尊は、善いことをしたものはよい所に生まれると、口酸っぱくおっしゃっていました。

場所は特定していないのです。天に行くと書かれているものもありますが、それは相手が天に行けますかと聞いて、あなたが天がよい所だと思うなら天に行くよ、と答えた程度のことです。天はどこにあるのかと聞くと、行ったことがないからわからない、あなたが善いことをして行ってみればわかるよ、というわけです。死後の世界について書いた本がたくさんありますが、よくぞおっしゃるなあと思います。

大いなる力に導かれる

親鸞《しんらん》聖人（一一七三〜一二六三）は九十歳近くまで長生きされた方で、その在世中に先に亡くなられたのが道元《どうげん》禅師（一二〇〇〜一二五三）でした。浄土真宗の親鸞聖人と曹洞宗の道元禅師ではお考えがずいぶん違うと思われていますが、私はそうは思いません。親鸞聖人は、「往生にはかしこきおもいを具せずして、ただほれぼれと弥陀《みだ》の御恩の深重《じんじゅう》なることつねに思いいだしまいらすべし。しかれば念仏もうされそうろう、これ自然《じねん》なり」とおっしゃっています。自然とはおのずからそうなるということです。

これは釈尊のさとりもそうでした。菩提樹《ぼだいじゅ》のもとで坐禅されていて、明けの明星《みょうじょう》をご覧になります。それまでにも見ていたはずなのに、その朝はハッとひらめくものがあった、それは自分が求めていたようなものではなく、向こうの真理のほうから現れてきて、それまでにいだいていた疑問が解決されたといって感涙にむせぶわけです。

親鸞聖人の場合も、何かこちらが努力するのではなく、阿弥陀仏のほうから迎え入れてくださるというのです。自分から手を伸ばして宝石をつかんだようなことではないのです。

往生も念仏も決して浄土真宗だけの言葉ではありません。もともとはインドのお経の中にも出てきます。往生とは行くというだけの意味で、地獄に往生するという言い方もあります。念仏とは仏を念じること、仏を忘れないようにすることです。これは禅と同じです。

一方、道元禅師は、「ただ身も心も忘れて、己を仏の家に投げ込んだとき、抱えられた仏の力にゆだねて、導かれてゆけば、自力を用いず、自然に煩悩の海をはなれて仏となる」と述べられています。

インドの『大般若波羅蜜多経《だいはんにゃはらみったきょう》』の中に、舟を浜辺から海に押しやって海面に浮かべ、はじめは櫓《ろ》で漕がなければならないけれど、沖に出て海風が吹いてくると、帆を上げるだけで前へ進むことができる、自分は舵《かじ》を操作するだけでよいという話があります。この風の力が仏教では仏の力ということになります。『般若経』が成立したと同じ紀元前後に阿弥陀信仰も出てきます。

最初は自分が力を込めなければならないけれど、そのうちに大いなる仏の力に導かれるようになる。それを道元禅師は、仏の家に飛び込めばだんだんと仏の側に導かれていくのだよといわれます。

親鸞聖人と道元禅師の教えを比べてみてどうでしょう。仏の教えに達している人たちは帰するところは同じといえるのではないでしょうか。

ここで親鸞聖人の曾孫にあたる覚如《かくにょ》上人（一二七一～一三五一）のお言葉も見ておきましょう。「われとして浄土へまいるべしとも、また地獄へ行くべしとも定《さだ》むべからず」。浄土か地獄かというのは自分の問題であって、最初から決まっているようなことではない。ひたすら念仏をした、ひたすら坐禅をした、ひたすらお題目を唱えた、私はこれだけやっているんだというものではない。

それは先ほどの話で言うと、まだ舟を漕いでいる状態であって、自分の力でどうにかしようと思っている間は何もできない。だからといって最初から、向こうから来てくださるのだからゆっくりする、というものでもありません。覚如上人のこの言葉はいろいろに考えさせられます。

さて、なぜ生まれ、老い、そして死ぬのかというと、それは衆縁和合の真理であるという一点に集約されています。このことを常に忘れないようにすると、釈尊の教えがしだいにわかってくると思います。

5

亡き母の国へ行きたい

――日本人は死んだらどこへ行きたいと願ってきたか――

三橋　健

あの世へ行くのは「たま」

神道は「この世とあの世」をどのように考えてきたのか。これが私に与えられた課題であります。

一般的には、人が死ぬと「この世」から「あの世」へ行くといわれています。神道にも、そのような観念はありますが、より正確に表現しますと、「あの世」へ行くのは「たま（魂・霊）」であり、「なきがら（亡骸・屍）」は「この世」に留まるとなります。

例えば、江戸時代中・後期に活躍した偉大な国学者・本居宣長《もとおりのりなが》は、『古事記伝』六之巻で、ある人が、

「死《シ》にて夜見《ヨミ》ノ国に罷《マカ》るは、此ノ身ながら往《ユク》か、はた、魂《タマ》のみ往クか」

との質問に対し、

「此身はなきがらとなりて、しるく顕国《ウツシクニ》に留在《トドマリア》れば、夜見ノ国には魂《タマ》の往クなるべし」

と答えております。

また、宣長の弟子の服部中庸《はっとりなかつね》も『三大考《さんだいこう》』の中で、

「大かた世ノ中の人の死《シニ》て泉《ヨミ》に往《ユク》は、屍《カバネ》は此ノ地に留まりて、魂《タマ》のゆくなれバ、云々」

と同じようなことを述べております。

このような考えは、神道が根本経典としてきた『古事記』『日本書紀』あるいは「祝詞《のりと》」などの古伝に基づくものであります。

しかし、古典の読み方はさまざまであり、みずから宣長の没後の門人と称した平田篤胤《ひらたあつたね》は『霊《たま》の真柱《みはしら》』の下つ巻で、

「人の死ぬれば、其《その》魂は尽《ことごと》に、夜見国《よみのくに》に帰《ゆ》くといふ説《こと》」

は間違いであると主張しています。つまり篤胤は師である宣長の説に対し非を唱えているのです。なお、この問題に関しては後で詳しく述べることにいたします。

確かに、死後の「たま（魂・霊）の行方」は、一筋縄では行かぬ問題を含んでいます。また時代が下りますと、政治的に非業の死をとげた者、戦死者、あるいは若くして死んだ人たちの「たま（魂・霊）」が多く発生してきます。これらは御霊《ごりょう》・怨霊《おんりょう》、あるいは未完成霊などとも称されています。

ところで、怨みをいだいて死んだ人の「たま（魂・霊）」は、現代も多く見られます。そのような怨霊は、すんなりと「あの世」へ行かないで、怨みが晴れるまで「この世」に留まり災いを及ぼすと言われてきました。

例えば、奈良・平安時代では疫病が流行したり、天災などが起こると、これは貴族間の勢

力争いに敗れて死んだ者の霊のたたりであると信じられ、それらの霊を祀ることが盛んに行なわれたのです。これを御霊信仰と呼んでおり、重要な「たま（魂・霊）」の一つですが、ここでは深入りをしないことにいたします。

「この世」と「あの世」の関係

本題に戻り、まずは「この世」と「あの世」の関係から見てゆくことにします。『古事記』上巻の黄泉国《よもつくに》の段に、「この世」のことを「葦原中国《あしはらのなかつくに》」と表記してあります。これは「この世」を意味する「葦原中国」という語が文献上で初めて出てくるところです。

注意されるのは、「この世」を意味する「葦原中国」という語が、「あの世」を意味する「黄泉国」の段に初めて出てくることです。この事実は「この世とあの世」を考える上ではなはだ重要だと思います。つまり、私たち生者の住む現実の世界である「葦原中国」すなわち「この世」は、死者が行くという「黄泉国」すなわち「あの世」とのかかわりの中で成立したことになります。したがって「この世」とはどんな世界なのかを、しっかりと把捉するには「あの世」のことを深く知る必要があります。

このように神道では「この世とあの世」を「葦原中国と黄泉国」と表記していますが、それは表裏一体の関係といえます。仏教に「生死一如《しょうじいちにょ》」という言葉があります。その意味は「生きること」と「死ぬこと」は隣り合わせであるということだそうですが、神道の「葦原中国」と「黄泉国」の関係も同じであります。

ついでにいうと、「高天原《たかまのはら》」と「葦原中国」も表裏一体の関係にあります。『古事記』上巻に、天照大御神《あまてらすおおみかみ》が天石屋《あめのいわや》からお出ましになった時、高天原も葦原中国も自然と明るくなったと記してあります。両者は名称は違いますが、紙の表と裏の関係であることがわかります。

「葦原中国」はどんなところか

しかしながら、「葦原中国」と「黄泉国」は名称が違いますから、当然のことながら内容を異にしています。よく「名は体を表す」と言われますように、名前はそのものの実体をい い表しています。そうしますと「葦原中国」という名前は、そのものの実体を表していると考えられます。

私見になりますが、「葦原」は葦の芽のように生き生きとした生命力に満ちた世界であり、つぎの「中国」は、中間に位置する国ということ、要するに「葦原中国」とは天上の神々の世界（高天原）と地下の死者の世界（黄泉国）との中間に位置する生命力に満ちた生者の国ということになります。

ちなみに、藤原頼長《ふじわらのよりなが》の『台記別記《たいきべっき》』の康治元年（一一四二）十一月の条に見える「中臣《なかとみの》寿詞《よごと》」には「葦原中国」のことを「うつし国」と記してあります。これは現実に目に見える「この世」を意味する語として用いられています。「あの世」のように目に見えない世界ではなく、確かに目に見えて存在している「この世」であり、死者の世界に対して生者の世界のことです。このように「現し世《うつしよ》」とは、目に見えて存在している世界の意味であります。

「人の死」と「神道の安心」

次に「黄泉国」の説明をいたします。私は冒頭のところで、人が死ぬと、その人の「たま（魂・霊）」は「あの世」すなわち「黄泉国」へ行くという観念は神道にもあると述べました。

そのことを明記するのは、本居宣長の『答問録《とうもんろく》』です。この書は安永六年から八年の頃の成立といいますから、宣長の四十八歳から五十歳頃の著作であります。『答問録』とあるように、弟子たちから受けたさまざまな質問に対して、宣長が答えるという、いわばQ＆Aという形で書いてあります。

そのなかに、死後の「たま（魂・霊）」の行方や安心《あんじん》に関する宣長の回答が見られます。

『答問録』の自筆本の全文が筑摩書房版『本居宣長全集』第一巻に収録されていますので、それに基づいて必要なところを現代語に訳してみることにします。おおまかな訳であることを断わっておきます。

まず〔七〕の「人ノ死」という段に、弟子の小篠道冲《おざさみちおき》が、

「人は死ぬと黄泉国に行くというのは、仏教で地獄へ行くというのに似ています。これは仏教の地獄をよりどころとしているのでないですか。また、魂が天にのぼるという見方は興味深いけれども、これは黄泉国に行くというのと合致していないのではないですか」

と質問したのに対し、宣長は、

「人は死ねば、善人も悪人も、みな黄泉国に行くほかはないのです。そうであるのに、仏教でいう地獄の話に似ていると疑うのは、いかがなものでしょうか。たとえ黄泉国が地獄と全く同じようなところであろうとも問題はありません。私の説はすべて神代の古伝に基づいておりますのに、あなたはどうして後世の仏教に憚《はばか》るのですか。そのうえ仏教の教えは、悪人は地獄、善人は天上浄土に生まれると説いていますが、これは私の唱える道とは大いに異なっております」

と答えています。

また〔一二〕の段では、同じく道冲が「神道ノ安心」について質問したのに対し、宣長は、

「神道では人が死んだ後、どうなるのであろうか。たま（魂・霊）の行方の安心がないというのでは、人々が承知しないのは、もっともなことです。神道の安心は、人が死ねば善人も悪人もすべて黄泉国に行くところにあるのです。善人だからといってよい場所に生まれるということはないのです。このことは古書に明らかなところであります」

と答え、さらに、

「その黄泉国は、きたなくて悪いところでありますけれども、死ねば必ず行かねばならない国なのです。それゆえ、この世の中で死ぬほど悲しいものはありません。ところが、儒教や仏教では、この上なき悲しい死を、悲しむべきでないことのように、色々と理屈を申しておりますが、それが真実の道でないことは明らかであります」

と述べ、儒教や仏教の説は正すべきであると主張しています。これらの説は宣長が『古事記』を熟読して得た回答であり、確かなものだと思います。

なお、質問をしている小篠道冲が正式に宣長に入門したのは安永九年であります。したがって、これらの質問は、それ以前になされたことになります。道冲は宣長の高弟の一人であり、石見《いわみ》国浜田藩に仕えました。墓は島根県浜田市真光町の観音寺にあります。墓には「東海篠先生之墓」と刻まれています。

篤胤に影響を与えた『三大考』

ところで、篤胤は宣長以上に死後の世界に関心をもっていたようです。そのことは篤胤の著作『新鬼神論《しんきしんろん》』『霊の真柱《たまのみはしら》』『鬼神新論《きしんしんろん》』『仙境異聞《せんきょういぶん》』『古史伝《こしでん》』などからも知ることができます。

なかでも『霊の真柱』上下二巻は、篤胤が「あの世」をどのように考えていたかを知る上で重要であります。岩波文庫本『霊の真柱』を校注された子安宣邦《こやすのぶくに》氏も、本書は「古学の徒は大倭心《やまとごころ》を堅固にもつことが肝要であり、そのためには『霊の行方の安定《たまのゆくえのしずまり》』を知る必要がある。そこで、宇宙の開闢から天《あめ》・地《つち》・泉《よみ》の生成とその形象を、十箇の図と古伝により説明し、その過程を貫いている神々の功業を明らかにして、霊魂の行方を論じた書。篤胤の幽冥観を確立し、国学的宇宙論に新たな展開をもたらした重要著作」と解説しております。さらに子安氏のお言葉を借りるならば、この書は「『霊の行方の安定』を知りたいという人々の宗教的安心の要求に宇宙生成過程の新たな認識を通して応えようとしている」のであります。

ただし、ここにいう天（高天原）・地（葦原中国）・泉（黄泉国）という宇宙の生成過程の考察は、冒頭のところで触れた服部中庸が寛政三年五月に書き終えた『三大考』にみられます。篤胤が『霊の真柱』上つ巻に「吾が学びの兄《せ》なる、服部中庸が三大考に」と記すように、篤胤は『三大考』に影響されており、おおくは中庸の説を踏襲していることは明らかであります。

だから『霊の真柱』に入る前に『三大考』を概観しておきます。この書は宣長から高く評価され『古事記伝』第十七巻の付巻として収められ、刊行されました。その内容をざっとみてみますと、宇宙は「天・地・泉」の「三大」から構成されるとし、十枚の図とともにそのことを解説しています。「日」と「地」と「月」の三つは、初めは一つであったが、その中の「清明《すみあきら》かなる物」は分かれ、葦の芽が萌え出るように上方に上って「天」となった。「天」は「日」のことで、その中にある国を「高天原」という。また「重《おも》く濁《にご》れる物」は分かれて下の方へ垂降《くだり》て「泉《よみ》」となった。「泉」は「月」のことで、その中にある国が「夜之食国《よるのおすくに》」であり、「黄泉国」「根国底国《ねのくにそこのくに》」ともいう。また「天」と「泉」の中間に「のこり留《と》まれる物」が「地」となった。このようにそれぞれに分かれたのは、ことごとく高御産巣日神《たかみむすひのかみ》・神産巣《かみむす》日神《ひのかみ》の「産霊《むすひ》」の霊力によるものであるという。

ところで、中庸は『三大考』の序文の最後のところに「すべての事ハ、古事記伝に依れり、されば大かたハ、彼ノ書に委《ユダ》ねて」と記していますが、実際は『三大考』と『古事記伝』とは根本的な相違が見られます。例えば、「天」と「地」や「日」と「月」の生成過程における考え方は宣長と中庸は異なっています。

宣長は『古事記』の神話を熟読して「天」と「地」という二元的世界を構想しており、『古事記』の神々の世界を図解した『天地図』も描いております。そのような宣長が『三大考』を高く評価して『古事記伝』に附載した理由を知る必要があります。これに関しては、深入りしませんが、『三大考』の草稿に宣長の書き込みや修正のあることなどが指摘されております。つまり『三大考』は中庸の著作ですが、そこには宣長の積極的関与が見られると言われております。

中庸は「天」「地」という二元的宇宙でなく「天」「地」「泉」の三元的宇宙を構想しています。くり返しになりますが、「天」は「日」であり、「泉」は「月」であり、また「泉国」と「夜之食国」を同一の国であると説き、そこを支配する須佐之男命《すさのおのみこと》と月読命《つきよみのみこと》は同一神であるとも述べています。

『霊の真柱』に見るこの世とあの世

ここで篤胤の『霊の真柱』に戻ることにいたします。篤胤が中庸の『三大考』を基本としていることは、前述した通りですが、どちらかといえば、篤胤は顕幽《けんゆう》二元的宇宙、すなわち「この世」（目に見える世界）と「あの世」（目に見えない世界）とを構想して論を展開しています。

篤胤の言葉では「顕明事《あらわにごと》＝顕事《あらわごと》」と「幽冥事《かみごと》＝幽事《かみごと》」となります。

このうちの「顕明事」とは天皇が統治する「この世」で暮らす人々のことであり、「幽冥事」とは大国主神《おおくにぬしのかみ》が支配する「あの世」で鎮まる霊魂＝たま（魂・霊）のことを意味しています。

これらの「顕明事」「幽冥事」は篤胤の宇宙論を理解するキーワードであります。特に「幽冥事」に対する篤胤の考えは、神道における「たま（魂・霊）」の救済にかかわる重要な言葉でもありますので、今少し説明しておく必要があります。

篤胤は『霊の真柱』下の巻で、師である宣長の説を執拗に掲げ、これらは間違っていると批判しています。そこに掲げられた宣長説とは、

「人の死《し》ぬれば、其《その》魂は尽《ことごと》に、夜見国《よみのくに》に帰《ゆ》くといふ説《こと》」「神も人も、善《よ》きも悪《あ》しきも、死ぬれば、皆この黄泉国《よみのくに》に往《ゆ》くことぞ」「人は死《しぬ》れば、その魂は、善きも悪しきも、みな黄泉国に往く」

などでありますが、これらを篤胤は「非説《ひがごと》」「いとも忌々《ゆゆ》しき曲説《まがごと》」である、つまり道理に合わない間違った説だと批判しています。

篤胤は古史策定《こしさくてい》という作業を通して、死後の「霊の行方の安定《しずまり》」を究明しようといたしました。篤胤のいう古史とは『古事記』『日本書紀』『祝詞』などのことであり、それらに伝わる神代からの正しい古伝と事実をよく考え定めて、

「人の死にて、其《その》魂の黄泉《よみ》に帰《ゆ》くてふ説《こと》は、外国《とつくに》より混《まぎ》れ渡《わた》りの伝《つたえ》にて、古《いにしえ》には、跡《あと》も伝も

なきことなる」

と述べています。

それでは死後の「霊の行方の安定」は何処かというと、篤胤は、

「此国《この》土の人の死にて、その魂《たま》の行方《ゆくえ》は、何処《いずこ》ぞと云ふに、常盤《とことわ》にこの国土に居《お》ること、古伝の趣《おもむき》と、今の現《うつつ》の事実《ことのあと》とを考へわたして、明《あきら》かに知らる」

と述べております。さらにそれを具体的に、

「かの大国主神の、隠《かく》り坐《ま》しつゝも、侍居《さもらい》たまふ心ばへにて、顕世《うつしよ》を幸ひ賜ふ理《ことわり》にひとしく、君親《きみおや》、妻子《めこ》に幸《さちわ》ふことなり。そは黄泉《よみ》へ往《ゆ》かずは、何処《いずこ》に安定《しず》まりてしかると云ふに、社《やしろ》、また祠《ほこら》などを建《たて》て祭《まつ》りたるは、其処《そこ》に鎮《しず》まり坐《お》れども、然《しから》ぬは、其墓《そのおくつき》の上《ほとり》に鎮まり居り、これはた、天地《あめつち》と共《とも》に、窮《きわ》まり尽《つ》くる期《とき》なきこと、神々の常盤《とことわ》に、その社々《やしろやしろ》に坐《ま》しますとおなじきなり」

と述べています。

篤胤が「あの世」をどのように考えていたかを知るうえで、とても重要なところですので引用が長くなりました。そこで整理しながら説明してみます。

篤胤の考えによれば、死後の「たま（魂・霊）」は何処に落ち着くかというと、宣長が説くような汚くて悪い黄泉国でなく、大国主神の主宰する幽冥界《ゆうめいかい》だと説いています。また、古

伝と現に眼前に存在する事実などとを合わせ考えてみると、この国土に神社や祠などを建立して神霊を祭っており、お墓には死者の「たま（魂・霊）」が鎮まっており、それらの「たま（魂・霊）」により、私たち生者の暮らしは見守られているとも主張しています。

このような篤胤の幽冥観は、現代に生きる日本人の死後観と共通する点が多く、とても受け入れやすいものであります。また産土神《うぶすなかみ》信仰や先祖崇拝などの基礎になっているように考えられます。

宣長と親鸞の共通点

恐らく篤胤は、宣長の「人は死ねば善人も悪人もすべて黄泉国に行く」「その黄泉国は、きたなくて悪いところでありますけれども、死ねば必ず行かねばならない国なのです。それゆえ、この世の中で死ぬほど悲しいものはありません」との説に満足できなかったのだと思います。そこで篤胤は古史策定と眼前の現実とを考え合わせて、死後の「霊の行方の安定」を究明し、死後の霊魂の救済を求め、そこに独自の説を展開したのだと思います。

ただ、繰り返しになりますが、私としては、やはり宣長の「神道の安心は、人が死ねば善人も悪人もすべて黄泉国に行くところにあるのです」「このことは古書に明らかなところであります」との言葉にいたく心を惹かれるのです。

改めて言うまでもなく、「黄泉国」は「きたなくあしき所」であり、仏教の「地獄」に類似しています。そこは死ねば善人も悪人もみな必ず行かねばならぬところで、そこに宣長は「神道ノ安心」がある（『答問録』十二段）と説くのです。

『答問録』の「神道ノ安心」を読むと、私の脳裏に浮かぶのは、親鸞《しんらん》の『歎異抄《たんにしょう》』第二章に見える「地獄は一定《いちじょう》すみかぞかし」の言葉であります。これは「（私め親鸞には）地獄は必ず住む場所であるよ」という意味です。つまり親鸞は「死後に行くべきところは必ず地獄である」と心の底から確信したのであり、そこに絶対的な安心《あんじん》を求めたのだと思います。

ちなみに、この言葉の前にも注目すべき言葉がありますので、それを参考までに現代語に訳してみますと、「（私め）親鸞においては、ただひとすじに弥陀《みだ》の本願を信じて念仏を唱え、法然《ほうねん》上人様のお言葉に従って、信ずるほかに、特別な理由はないのです」、「かりに法然上人様が（私め親鸞を）おだましになられて、（私め親鸞が）地獄に堕ちても、もちろん（私め親鸞は）何の後悔もございません」とあります。

親鸞と宣長とは生きた時代が違いますので、両人を比較することには慎重を期します。ただ時代をこえて互いに重要な共通点が見られます。

まず宣長が育った松阪《まつさか》は浄土宗の盛んなところで、宣長の家も熱心な浄土宗（法然）の信徒であり、子供の頃から影響を強く受けていたといわれています。次に師は、親鸞が法然、宣長が賀茂真淵で、ともに師に対する信頼は絶対的なものでした。親鸞の場合は述べた通りですが、宣長と真淵は、たった一度の対面で「松阪の一夜」と呼ばれていますが、その一夜の持つ意味はとても重要であります。なお、宣長が松阪で真淵に会ったのは、宝暦十三年（一七六三）五月二十五日のことでした。

　私は小学五年のときに、『国語読本』で「松阪の一夜」を読んで感動したことを覚えています。その中で宣長は真淵に「私はかねがね古事記を研究したいと思つてをります。それについて何か御注意下さることはございますまいか」とご指導を仰いでいるところがあります。これに対して真淵は「注意しなければならないのは、順序正しく進むといふことです。これは學問の研究には特に必要ですから、先《ま》づ土臺《どだい》を作つて、それから一歩一歩高く登り、最後の目的に達するやうになさい」と諭しております。

　その後「宣長は眞淵の志をうけつぎ、三十五年の間努力に努力を續《つづ》けて、遂に古事記の研究を大成した。有名な古事記傳といふ大著述は此の研究の結果で、我が國文學の上に不滅の光を放つてゐる」（「松阪の一夜」『尋常小学国語読本　巻十一』所収、本居宣長記念館によれば、原作は佐佐木信綱）と記してあります。親鸞と宣長の共通点はとても大切であります。しかし、それについて詳しく述べるいとまはありません。

死んだら何処へ行きたいのか

ところで、本日、私が皆さんとともに考えてみたいのは、死んだ後に「何処へ行くか」ということよりも、副題にも掲げたように「何処へ行きたいのか」という課題であります。

ご存じのように、宣長は『うひ山ぶみ』のなかで、弟子たちに『古事記』『日本書紀』の「二典の上代の巻々を、くりかへしくりかへし、よくよみ見るべし」と教え、また「道を知らんためには、殊に古事記をさきとすべし」と述べております。このように諭す宣長自身が記紀二典を精読し、また神々の道を知るために重要な『古事記』の膨大な注釈書『古事記伝』を完成したことは前述した通りであります。

そのような宣長が気づいたのは、記紀二典を何回読んでみても、死後は黄泉国に行くとしか書いてないことでした。しかもそこは地獄のように「きたなくあしき所」とあります。宣長は悲しみますが、しかし、黄泉国には「亡き母」すなわち伊耶那美《いざなみ》がおり、そこを支配していることがわかります。そのとき、宣長は「亡き母のいます黄泉国」へ行くことに「神道ノ安心」があると確信したのだと思います。

ここで、死んだら必ず行かねばならないという黄泉国について少し補足しておく必要があります。火の神を生んだ伊耶那美は、火傷を負って病気になり、ついに亡くなります。これは日本で最初の死者であります。そして伊耶那美は、日本で最初に黄泉国へ行ったのです。それを追いかけて伊耶那岐《いざなき》は黄泉国を訪れ、見てはいけないと禁じられていた伊耶那美の姿を覗いてしまいます。すると、そこにはウジ虫が集まり、身体に八つの雷が発生している醜い伊耶那美の死体が横たわっていたのです。

黄泉国には伊耶那美の他に黄泉神《よもつかみ》、黄泉醜女《よもつしこめ》、黄泉軍《よもついくさ》などもいるのです。また伊耶那岐と伊耶那美は巨大な岩で黄泉国と現世との境の黄泉比良坂《よもつひらさか》を塞ぎ、その岩をはさんで離縁したと記してあります。これは日本で最初の離縁であり、この離縁により死者と生者が分かれることになります。だから、それまでの黄泉国は、自由に行き来できたことになります。

その後、伊耶那美は黄泉津大神《よもつおおかみ》と呼ばれ、黄泉国の支配者になります。それは伊耶那美が大地母神になられたことを意味します。ここに黄泉国は生命の根源である根《ね》の国の側面も持つようになります。

だから須佐之男《すさのお》が行きたいといって号泣した「妣《はは》の国・根《ね》の堅州国《かたすくに》」の「妣の国」は黄泉国であり、それとともに死者をよみがえらせる大地母神としての根の国でもあります。人は死ぬと必ず黄泉国へ行きますが、そこは単なる死者の国でなく、生命を生み出す「妣の国・根の国」でもあります。

須佐之男命の場合

私は「日本人は死後どこへ行きたいと願ってきたか」という課題を、神道からたずねてみたいと思っているのです。「神道から」というからには、歴史を一貫する伝統的な思想体系がなければなりません。そのようなものがなければ「神道から」ということにならないのではないかと思います。

そこで最初に注目されるのは、須佐之男命《すさのおのみこと》のことであります。『古事記』上巻によれば、須佐之男は、「僕《あ》は妣《はは》が国、根《ね》の堅州《かたすくに》国に罷《まか》らむと欲《おも》ふ。故《ゆえ》に哭《な》く」と記してあります。「妣」とは亡くなった母の意であり、ここでは伊那那美命のことです。したがって、須佐之男命は亡き母である伊那那美命のいる国へ行きたいと泣いていることがわかります。

それは黄泉国ですが、ここでは「根の堅州国」と書いてあります。この記事により須佐之男命は黄泉国に行きたいと願っていたこと、そこは「根の堅州国」とも呼ばれたのです。ただ「黄泉国」と「根の堅州国」は言葉が違うように、別の国であるとの考えもあります。

いずれにせよ、そこは「亡き母・伊那那美命のいます国」であり、須佐之男が号泣して行きたいと望んだ国であることがわかります。

聖徳太子の場合

つぎに歴史時代になりますが、聖徳太子の場合をたずねて見てみたいと思います。太子の墓は大阪府南河内郡太子町の叡福寺《えいふくじ》の境内にあり、磯長墓《しながのはか》といわれています。円墳であり、太子の生母である穴穂部間人皇女《あなほべのはしひとのひめみこ》と太子の妃である膳部菩岐々美郎女《かしわでのほききみのいらつめ》を合葬するという三骨一廟であります。このように聖徳太子、妃、太子の母の三人の「たま（魂・霊）」が一緒に鎮まっているのです。

このことから太子は死後に「妣《はは》の国・嬬《つま》の国」へ行きたいと願っていたとの説があります。私はその説に賛意を表したいのです。なお「嬬」は「亡き妻」のことです。

子供が生まれ、妻のことを「お母さん」と呼ぶことが多くみられます。そのような根底には、死後も永遠に「妣」や「嬬」とともに住みたいとの意識が潜在しているように思われます。

青木繁の場合

時間が残り少なくなりましたので、中世・近世を飛び越えて、いきなり近代に入ります。ここでは明治期の洋画家の青木繁《あおきしげる》に注目いたします。そこで明治四十三年十一月二十二日に、青木が病床から姉妹へ出した手紙を読んでみます。

「小生も、今度は、とても生きて、此《この》病院の門を出る事とは、期《き》し居《お》らず、深く覚悟致居《いたしおり》候《そうろう》に付《つき》、今の中《うち》に、皆様へ、是迄《これまで》の不孝不悌《てい》の罪を謝し、併せて、小生死後のなきがらの始末に付、一言お願申上候。小生も、是迄、如何《いか》に志望の為《ため》とは言ひ乍《なが》ら、皆々へ心配をかけ苦労をかけて、未だ志成らず、業見《あら》はれずして、茲《ここ》に、定命《じょうみょう》尽くる事、如何ばかりか、口惜《くちお》しく、残念には候なれど、諦《あきら》めれば、是も、前世よりの因縁にて有之《これある》べく、小生が苦しみ抜きたる、十数年の生涯も、技能も、光輝なく、水の泡と、消え候も、是不幸なる小生が宿世の為、劫《こう》にてや候べき。されば、是等の事に就《つい》ては、最早《もはや》言ふ可《べ》き事も候はず。唯残るは、死骸にて、是は御身《おんみ》達にて、引取くれずば致方《いたしかた》なく、小生は死に逝く身故《ゆえ》、跡の事は知らず候故、よろしく頼み上候。火葬料位は、必ず枕の下に入れて置き候に付、（中略）骨灰は、序《ついで》の節、高良山《こうらさん》の奥のケシケシ山の松樹の根に、埋めて被下度《くだされたく》、小生は、彼の山のさみしき頂《いただき》より、思出《おもいで》多き筑紫平野を眺めて、此世の怨恨《えんこん》と、憤懣《ふんまん》と、呪咀《じゅそ》とを捨てて、静かに永遠の平安なる眠りに就く可《べ》く候（以下略）」

画家として、生前は認められなかった青木の無念の思いが、ひしひしと伝わってくる手紙であります。青木は死を覚悟しており、死後の遺体は荼毘《だび》に付し、遺骨は高良山の奥のケシケシ山の松樹の根に埋めて欲しいと望んでいます。この手紙を書いた翌年の三月二十四日、青木は二十八歳で夭折します。

青木が骨を埋めて欲しいと願ったケシケシ山は久留米市の東方の見える耳納《みのう》山脈にあります。ケシケシ山とは通称であり、正式名称は兜山であり、この山の筑後平野を見渡す所に青木繁を記念する歌碑があります。その歌碑に、

わがくには　筑紫《つくし》の國《くに》や　白日別《しらひわけ》　母《はは》います國　櫨多《はぜおお》き國

という青木繁の歌が刻まれています。一首の大意は「わが故郷は筑紫国であります。亡き母が眠っている国であり、また櫨の木が多い国であります」となります。櫨の木は秋になると美しく紅葉し、その実からロウを取ります。ロウソクの材料になるのです。

ここで大切なのは「櫨《はぜ》」は「恥《はじ》」を思わせる掛けことばとなっていることです。したがって、「私の生まれた故郷は筑紫国であります。そこは美しい櫨の木が多いところ。その櫨ではないが、子どもの頃から多くの恥をさらしてきた嫌なところでありますけれども、そこには亡き母が眠っているのです」というのが真意だと思います。つまり青木は、恥の多いところであるが、そこで亡き母と永遠に眠ることに「安心立命《あんじんりゅうみょう》」を願っていたと考えられます。

室生犀星の場合

続いて、大正・昭和期の詩人・小説家の室生犀星《むろうさいせい》の場合をたずねることにします。

「ふるさとは遠きにありて思ふもの／そして悲しくうたふもの／よしや　うらぶれて／異土《いど》

の乞食《かたゐ》となるとても／帰るところにあるまじや」

これは犀星の「小景異情《しょうけいいじょう》」その二の冒頭に見える有名な詩です。「故郷とは、たとえ異国で乞食となっても帰るところでない」という単純な意味ではありません。犀星は志を立てて上京しますが、思うようにはいかなかったのです。そのような苦闘の時代、金沢に帰郷した際に作った詩であるといわれています。誰も応援してくれない孤独な犀星には、故郷金沢は「帰りたくてしょうがない」ところでした。

そのことを知るためには犀星の略歴を知る必要があります。犀星は明治二十二年、金沢市内を流れる犀川《さいがわ》の近くで、加賀藩の足軽頭とその女中の間に私生児として生まれたといわれています。生後まもなく、雨宝院《うほういん》の住職、室生真乗の内縁の妻、赤井ハツに引き取られて育てられます。したがって、犀星は実母の顔を知らないまま死んでいったのです。

ちなみに、私の故郷は金沢市郊外の二俣というところですが、犀星の実母は二俣出身の女性だとの説があります。そのため犀星の長女、室生朝子さんが父の実母をたずねて二俣のお寺の過去帳などを調べに来たということです。

犀星の実母は諸説があり、確かなことはわかりませんが、犀星の郷里金沢の何処かの墓地に埋葬されていることは確かです。犀星は書斎に犀川の写真を掲げて、いつも故郷金沢のことを偲んでいたようです。注目されるのは、犀星の墓地が故郷金沢の市街地を一望できる野田山にあることです。

特別攻撃隊員・林市造の場合

つぎに取り上げるのは、昭和二十年四月十二日に、特別攻撃隊員として沖縄にて享年二十三歳で戦死した林市造《はやしいちぞう》さんの場合です。

これから読み上げる市造さん遺書は、昭和二十四年に出版された『きけ　わだつみのこえ』に収録されています。ここにいう「わだつみ」とは戦没学生をあらわしていますが、もとは「海の神様」のことです。

「お母さん、とうとう悲しい便りを出さねばならないときが来ました。親思う心にまさる親心今日のおとずれなんときくらん。この歌がしみじみと思われます。ほんとに私は幸福だったです。わがままばかりとおしましたね。けれども、あれも私の甘え心だと思って許してくださいね。晴れて特攻隊員と選ばれて出陣するのは嬉しいですが、お母さんのことを思うと泣けてきます。母チャンが私をたのみと必死でそだててくれたことを思うと、何も喜ばせることができずに、安心させることもできずに死んでいくのがつらいです。私は至らぬものですが、私を母チャンに諦めてくれ、と言うことは、立派に死んだと喜んでください、と言うことは、とてもできません。けどあまりこんなことは言いますまい。母チャンは私の気持をよく知っておられるのですから。」

この遺書を読んで思うことは、市造さんの最期の声は「お母さん」ではなく「母チャン」という本能的な叫びであったと思います。最初は「お母さん」と書き始めていますが、途中から「母チャン」に変わっていきます。そのあたりから市造さんの本音が出ております。

この「母チャン」という本能的な叫びの中に市造さんの「安心立命」があると思います。

＊

本日の講演で話したかったことを、一口でいいますと、神道には歴史を一貫して、死後は「亡き母の国へ行きたい」との願いがあるということです。

しかし考えてみますと、このような願望は、神道だけのものでなく、宗派や教義を超えて、世界のどの民族にも普遍的に見られるところであります。

よく神道は日本固有の民族宗教であると言われますが、そのような神道にも、世界に普遍的なものが多く見られます。したがって、私は神道は日本固有にして世界に普遍的な民族宗教であると思います。

6

この世・あの世と現生・来生

——親鸞聖人の往生観に向かって——

華園聰麿

日本における浄土信仰の歩み　――恵心僧都源信から法然上人へ

中国から朝鮮半島を経由して日本に移入された浄土信仰が、その当初から死者供養と結びついていたことは、今では定説になっています。その最も古い証拠として挙げられるのが、現在奈良の中宮寺《ちゅうぐうじ》にある天寿国曼荼羅繍帳《てんじゅこくまんだらしゅうちょう》です。これは聖徳太子の没後に妃の橘夫人《たちばなぶにん》が太子の往生を偲んで図にしたものと伝えられており、死者供養と結びついています。次の白鳳《はくほう》時代になると、父母七世の往生を祈願するための仏像が製作されるようになります。つまり浄土信仰が一族の祖先祭祀と深く関わるようになります。

平安時代になると「この世をばわが世とぞ思う望月の」の和歌で知られる藤原道長が、奈良の木幡《こはた》にあった一族の墓所を「一門の人々を極楽に引導するため」（『御堂関白記』）の三昧堂《さんまいどう》に改築し、浄妙寺《じょうみょうじ》として僧を常駐させました。こうして寺院は極楽への入口となり、「この世」と「あの世」を繋ぐ場所としての役割を持つとともに、極楽はまた一族の再会の場所と見なされるようになりました。この意味で道長の行なったことは画期的でした。こうして浄土信仰は葬儀や追善供養などの、「この世」から「あの世」に死者を送り出す通過儀礼の形をとりながら次第に習俗化していきました。

他方において藤原道長と同時代の天台僧恵心僧都源信《えしんそうずげんしん》が著した『往生要集』は、「厭離穢土《えんりえど》・欣求浄土《ごんぐじょうど》」という機運を促して、それまでの死者供養に新しい要素を加えました。源信と行動を共にした文人慶滋保胤《よししげやすたね》は『日本往生極楽記』を書いて、極楽に往生した人々を記録し、「あの世」に行くための手本としました。また主に貴族の間では阿弥陀仏や観世音菩薩・勢至菩薩などが死者を迎えに来る様子を描いた来迎図《らいごうず》がもてはやされ、死者が蓮《はす》の台《うてな》に載せられて聖聚《しょうじゅ》に引かれ、極楽に旅立つ情景が人々の憧れを誘いました。十一世紀の中頃になると、末法に入って仏教が滅亡するという風評が拡がり、人々はその不安からますます穢土を厭い、浄土を求めるようになり、中には入水《じゅすい》往生や焼身《しょうじん》往生を試みる人も現れました。

浄土信仰の大きなうねりはやがて法然上人をして浄土宗という新しい宗派を開かせ、これが浄土信仰に宗教的な深みをもたらしました。法然上人は京都の街の中に庵《いおり》を構え、そこで一般庶民を相手に阿弥陀仏への信仰こそが時代に最もふさわしい仏教だと説きました。法然上人は来世往生の立場を採りながらも、毎日の念仏を重要視し、「あの世」のことよりも「この世」の安心《あんじん》を得ることを強調しました。その法話を集めた『念仏往生要義抄』（『浄土宗全書』）には、平生の念仏と臨終の念仏は違うのかと問われて、「ただおなじ事也。そのゆえは、（略）平生の念仏の、死ぬれば、臨終の念仏となり、臨終の念仏の、の（延）ぶれば、平生の念仏となる也」と答えたとあります。

法然上人の考えは、現世の過ごし方は念仏を唱える環境で決めるべきで、念仏の邪魔になる生活は避けなければならない、もし出家をして念仏ができないなら、在家で念仏すればよい、というものでした（『法然上人絵伝』岩波文庫）。何よりも念仏を最優先する専修《せんじゅ》念仏の立場であり、生活形態については柔軟に考えていました。貴族や武士ならびに遊女に至るまで、法然上人に帰依する人々の裾野が広かったのもそのためでした。

親鸞聖人は法然上人が言う「在家になりて申すべし」という道を選択し、やがて「僧に非《あら》ず俗に非ず」という自覚のもとで「愚禿《ぐとく》（非僧）釈《しゃく》（非俗）親鸞」を名乗り、僧俗兼帯や半僧半俗とは違う、その矛盾するあり方を正面から引き受けることになるのです。もとよりその道を選んだ理由は、法然上人のこの言葉によるだけではありませんでした。親鸞聖人は出家・在家の区別に基づいた旧来の仏教のあり方に限界を感じ、この区別を超える新しい方向を求めて法然上人の門下に入りました。師の言葉はその背中を押したものなのでしょう。のちに聖徳太子（非僧）を「和国の教主」（『正像末和讃』皇太子聖徳奉賛）、つまり日本における釈尊（非俗）と仰ぎ、日本における仏教の独自の展開を弘宣《ぐせん》するようになります。また伽藍《がらん》ではなく、民家より「小棟《こむね》をあげ」た程度の「道場」を実践活動の場にしました（覚如上人『改邪鈔《がいじゃしょう》』）。このようなみずからの仏教観を体系的に裏づけるために著されたのが『教行信証《きょうぎょうしんしょう》』でした。

親鸞聖人の往生観

(一) 親鸞聖人の浄土思想

親鸞聖人は『浄土和讃《わさん》』の「大経讃《だいきょうさん》」、すなわち「無量寿経《むりょうじゅきょう》」を讃嘆《さんだん》する和讃の中で「念仏成仏《じょうぶつ》これ真宗」と言い、その後これが浄土真宗の特徴を示す語として受け継がれてきました。もちろんこの「真宗」は仏教の宗派のことではなく、仏教における真実の教えという意味です。また『高僧和讃』の「善導讃《ぜんどう》」には「念仏成仏自然《じねん》なり」という言葉もあります。成仏はもちろん仏教の究極目標です。念仏はその究極目標へと導くものだというこれらの言葉は、親鸞聖人が自らの立場である「浄土真宗」を、仏教の正統な道であると確信していた証拠と理解されます。阿弥陀仏が念仏成仏を誓ったと釈尊が説いたことを、仏教の真実の教えだと信じるという論法です。極楽浄土への往生を願う仏教として歩んでいた浄土教の歴史を、親鸞聖人は成仏を目指す仏教として捉え直そうとしました。「念仏成仏これ真宗」はそのことを表明したものです。ただしこの言葉はもとは中国の法照《ほっしょう》禅師が『五会《ごえ》法事讃』という、五つの節回しを付けて念仏を唱える法式に採用した文句で、親鸞聖人はこれを自著である『教行信証』にも引いています。

親鸞聖人の立場を要約した『正信念仏偈《しょうしんねんぶつげ》』（『正信偈』）に、「よく一念喜愛《きあい》の心《しん》を発《ほっ》すれば、煩悩《ぼんのう》を断《だん》ぜずして涅槃《ねはん》を得るなり」という言葉が見られます。阿弥陀仏の救済を喜び愛敬《あいぎょう》する心を持てば、煩悩具足のまま涅槃に到達する、つまり成仏するという、まことに大胆な考えですが、実はこの言葉も中国の曇鸞《どんらん》大師の「煩悩を断ぜずして涅槃分を得」（『論註』）を受けたものです。ここにも涅槃および成仏という仏教本来の目標に対する親鸞聖人のこだわりを認めることができます。

もう一つ例を挙げますと、親鸞聖人八十五歳のときに真仏という同朋《どうぼう》に宛てた書簡に、「信心《しんじん》よろこぶひとはもろもろの如来とひとし（等し）」と書いています。これは『華厳経』の「入法界品《にゅうほっかいぼん》」に「信心歓喜者与諸如来等」とあるのを和文に言い換えたものですが、これを親鸞聖人は関東の同朋たちにしばしば書き送り、念仏をする人がすでに「仏」と等しい境涯にいることを強調しました。このことからも「念仏成仏これ真宗」という親鸞聖人の信念を読み取ることができます。

その一方で親鸞聖人は、これも同朋たちのために書いた著作『一念多念証文《いちねんたねんしょうもん》』の結びのところで、「浄土真宗のならいには、念仏往生と申すなり」とも言っています。つまり「念仏往生これ真宗」ということです。そこで成仏と往生ということ、それに両者の関係がそれぞれどのように理解されていたのか、が差し当たりの問題となります。

親鸞聖人の思想は『教行信証』、正式には『顕浄土真実教行証文類《けんじょうどしんじつきょうぎょうしょうもんるい》』という著書に体系的に示されています。題名にある「教行証」とは、仏教を体系的に理解する中国伝来の正統な規格です。この著書の思想を概括して浄土真宗の教学では「真仮《しんけ》八願の法門」と呼ぶこともあります（山辺習学・赤沼智善『教行信証講義』第一書房）。今はこれを借りて、親鸞聖人の思想の全体像を概説します。

中心となる概念は「八願」ですが、これは阿弥陀仏の四十八《しじゅうはち》願の中の八つの願を指します。浄土真宗の教学は、親鸞聖人の思想がこの八つの誓願あるいは本願に基づいているという見方に立っています。これは親鸞聖人が大乗仏教の理念を踏まえて菩薩道を重視し、これを救済の根拠に据えたことに基づいています。菩薩道は自利利他覚行円満《じりりたかくぎょうえんまん》を旨とし、誓願を立てて自らの解脱《げだつ》とともに一切衆生の解脱をも願い、その自覚と実践とが完全に円満であることを理想としました。そこで親鸞聖人は阿弥陀仏の誓願もまた菩薩の行と見なし、曇鸞大師の説に従って自利行を往相回向《おうそうえこう》、利他行を還相《げんそう》回向と名づけます。『教行信証』の初めの部分で、「つつしんで浄土真宗を按《あん》ずるに、二種の回向あり。一つは往相回向、二つには還相回向なり」と述べられているのはこれによります。『無量寿経』では法蔵《ほうぞう》菩薩は四十八願を成就して阿弥陀仏となったと説かれていますが、苦悩する衆生が存在する限り、阿弥陀仏は未来永劫にわたって利他行を実践し続けるとの見方から、親鸞聖人は阿弥陀仏を「無量寿如来」と呼び、『正信偈』の冒頭で「無量寿如来に帰命《きみょう》したてまつる」と帰依《きえ》の念を表明しております。以上が親鸞聖人の仏教理解の基本的立場だと一応押さえておきます。

　もちろん親鸞聖人のこの立場は法然上人のそれを踏襲しています。『法然上人絵伝』には、法然上人は「我等ごときはすでに戒定慧《かいじょうえ》の器《うつわ》にあらず」、すなわち自分には伝統的な仏教の悟りの道を歩む能力が無いと絶望しましたが、中国浄土教の善導大師の『観経疏《かんぎょうしょ》』（『観無量寿経』の註釈書）にある「一心にもっぱら弥陀の名号《みょうごう》を念じて（略）念々に捨てざるもの、これを正定《しょうじょう》の業《ごう》（浄土への往生を決定する行）と名づく、かの仏の願に順ずるが故《ゆえ》に」という一文によって光明を見出したとあります。法然上人が撰述した『選択《せんちゃく》本願念仏集』（浄土真宗では「せんぢゃく」と読む）では「かの仏の願」を第十八願と見なし、これを「念仏往生の願」と名づけています。親鸞聖人は法然上人のこの教えを鉄則として四十八願から八願を選び、独自の浄土教学を築きあげたのでした。

『教行信証』はいずれも「浄土の真実を顕《あら》わす」という冠詞を付けた「教文類一」、「行文類二」、「信文類三」、「証文類四」、「真仏土文類五」および「化身土《けしんど》文類六」という六つの部門から構成されています。この内容を「真仮八願の法門」から説明するとおおよそ以下のようになります。

「教文類」は『無量寿経』に基づいて、阿弥陀仏が一切衆生の救済の手立てとして四十八願を立てたことを指摘し、またそれを説いたことが釈尊が世に出た本懐であったと解釈します。

親鸞聖人は仏教のはじまりをこのように理解します。

「行文類」は第十七願に「もしわたしが仏となるとき、一切の世界の量りしれない多くの仏たちが、こぞってわたしの名をほめたたえるのでなければ、わたしは仏にはならないであろう」とあることから、親鸞聖人は称名《しょうみょう》、すなわち念仏を諸仏が阿弥陀仏を称賛する称名と了解し、これを大行、すなわち仏の大いなる行と定義します。こうして親鸞聖人は称名念仏をする人は諸仏と同じ境涯にいることだと確信しました。先に挙げた念仏する人は「如来と等しい」という思想の根拠の一つとされます。これは画期的なことでした。

「信文類」は第十八願に、「もしわたしが仏となるとき、世に生を受けたすべての人がだれでも、真心から信じ喜び、わたしの国に生まれたいと望んで、わずかに十遍でも念仏するなら、浄土に迎えて救えるようでありたい」とあることから、親鸞聖人は念仏を往生のための正しい道と定めます。これは法然上人とまったく同じ立場ですが、この願が成就したことを示す同じ経の文言にある「至心回向《ししんえこう》」という語の訓読《くんどく》を替えることで、親鸞聖人は法然上人とは異なる念仏の理解を示します。すなわち「真心をもって念仏を浄土への往生のために振り向ける」という読み方をしないで、「至心に回向したまえり」あるいは「至心に回向せしめたまえり」と訓読を施すことによって、阿弥陀仏が衆生に向かって、衆生が浄土に向かうように念仏を振り向けたのだ、と理解しました。つまり衆生が阿弥陀仏に向かって唱える念仏は、阿弥陀仏が回向した名号という浄因を信じた浄果であるというように、他力による救済を強調したのです。これが衆生の側の往相回向の根拠となるのです。「もしは行、もしは信、一事として阿弥陀如来の清浄《しょうじょう》願心の回向成就したまふところにあるざることあることなし」と親鸞聖人は言い、大行である念仏も、それを受け取る信心も唱える念仏もすべて阿弥陀仏の回向に基づいている、と他力の信仰に徹しようとしました。これは大乗仏教の菩薩の利他行についての親鸞聖人の信念から出ているわけです。

しかしそれは親鸞聖人の人間観からの必然的な帰結でもありました。すなわち「始めのない永遠の昔から、世に生を受けたすべてのものは、無明《むみょう》の海に流転《るてん》し、さまざまな迷いの世界に沈み、果て知れない多くの苦しみに縛られて、清らかな信楽《しんぎょう》の心をもたない」（信楽釈）というのが、仏と対比した場合の衆生、つまり人間の実態だという認識からの帰結でした。「我等ごときはすでに戒定慧の器にあらず」と嘆いた法然上人がなお伝統仏教の観点で自分を、また聖人と対比して凡夫を見ていたのに対して、親鸞聖人は人間そのものの「心」の穢《きたな》さや性悪さに目を注いでいました。『一念多念証文』では凡夫、すなわち人間の性《さが》を次のように定義しています。「無明《むみょう》（真理に暗いこと）煩悩われらが身にみちみちて、欲もおおく、いかり、はらだち、そねみ、ねたむこころおおくひま（暇）なくして、臨終の一念にいたるまで、とどまらず、きえず、たえず」。

要するに「信文類」は、「信心というは、すなわち本願力《ほんがんりき》回向の信心なり」という立場に立って、この信心から「願作仏心《がんさぶっしん》」、すなわち仏になろうと願う心が起こり、これが「度衆生心」という利他の心となり、「大菩提《ぼだい》心」、仏道を成就しようという心になることを論証したもので、浄土信仰は仏教の伝統に即しているという主張です。

「証文類」は第十一願「もしわたしが仏となるとき、国内の人間や天上の人々が、仏になることを約束された正定聚《しょうじょうじゅ》の位について、かならず仏のさとりに至る」に基づいて、親鸞聖人は浄土真宗における「証」を次のように述べています。「煩悩に染まりきった、生死を重ねる罪に汚れた多くの愚かな人たちも、如来のお恵みによって浄土に生まれるために与えられた信心と念仏とを得るときは、即座に、往生を約束された人々（正定聚）に数えられる。そしてそうした位につくから、かならず仏のさとりに至る。それは永遠の楽しみであり、すなわち究極のさとりである。これは涅槃であり、色も形もない法身《ほっしん》であり、これはものの真実の姿であり、法性《ほっしょう》であり、真如《しんにょ》であり、一如である。阿弥陀仏はこの一如からさまざまな姿で現れたのである」。「念仏成仏これ真宗」そして「念仏往生これ真宗」という根本命題がこれによって根拠を得ることになるわけです。凡夫にとっては正定聚の位につくことが証果ですが、如来の方から見ればそれは往生、すなわち成仏の因位《いんに》についたということになります。

さらに証果を得た人の利他行が第二十二願によって裏づけられます。この願は、菩薩が真実報土へ来生《らいしょう》し、やがて仏を補う地位に就くようになっても、しかし依然として誓願をかかげて衆生済度に励み続けようとするなら、しばらくそれに任せようという主旨のものです。親鸞聖人はこれを「還相回向の願」と呼んでいます。弥勒《みろく》菩薩が次の仏となることが決定しているにもかかわらず、兜率天《とそってん》において釈尊滅後五十六億七千万年の間修行を続け、時が満ちてこの世に再び現れ、竜華《りゅうげ》の樹（高さ広さ各四十里の霊樹）の下で成仏し、三度にわたって説法するという経典の説と結びついた願でもあります。このことに関連して親鸞聖人は、「弥勒菩薩は仏につぐ位にあって、その金剛心をきわめた方であるから、竜華樹のもとで、三回の説法を行なわれるとき、きっと最高至上の仏の位をきわめられるはずである。そして念仏の人は横超《おうちょう》の金剛心をきわめるから、命の終わるその瞬間に、一足飛びに仏のさとりをうるのである」（信文類）と述べて、弥勒菩薩の成仏の「時」と、阿弥陀仏の願力によって金剛の信心を得た念仏者の成仏の「時」の違いを指摘しながらも、両者がすでに仏と等しい悟りの境涯に到達しているとして、念仏者の境涯を「弥勒便同《べんどう》（弥勒とすなわち同じ）」と表現したのでした。これも「念仏成仏これ真宗」という立場を裏づけるものです。

因みに親鸞聖人にとって、信心を獲得《ぎゃくとく》して正定聚に住する人が行うべき利他行は、善導大師の「自信教人信《じしんきょうにんしん》（みずから信じ人を教えて信じせしむる）」（『往生礼讃偈』）であったでしょう。

妻恵信尼《えしんに》が娘の覚信尼《かくしんに》に送った書状（『恵信尼消息』）によれば、寛喜三年四月に五十九歳の親鸞聖人が風邪の熱にうかされて口にしたうわ言で、次のようなことを言ったということです。十七、八年前に衆生利益《りやく》のために浄土三部経を千部読み始めたが、「これはなにごとぞ、自信教人信、難中転更難（難《かた》きがなかにうたた［いよいよ］さらに難し）と［善導大師からいただい］て、みずから信じ、人を教えて信ぜしむること、まことに仏恩《ぶっとん》を報いたてまつるものと信じながら」、どうして名号に不足を覚えて、経を読もうなどとしたのか、と思い直して止めてしまったというのです。流罪赦免《るざいしゃめん》後に還相回向を実行するために、新天地を求めて越後から関東へ旅を続ける途中の出来事でした。

「真仏土文類」は第十二願「もしわたしが仏となるとき、わたしの光に限りがあって、測り知れないほど遠い世界にはとどかないようなことになるなら、わたしはさとりを開かない」、第十三願「もしもわたしが仏となるとき、わたしの寿命に、かりに測り知れないほどの先であっても、限りがあるならば、わたしはさとりを開かない」を引き合いに出して、真実の仏とその国土の有様を描いています。親鸞聖人はこの両願によって真実の仏を「不可思議光如来」と呼び、その国土を「無量光明土」と名づけ、また誓願が報われたことに由来することから「真実報土」と見なしました。ここに往生することが成仏することになります。あとで触れますが、これにより真仏土、すなわち無量光明土は煩悩と結びつけられて、凡夫にとって最直近の世界となります。煩悩即《そく》菩提の親鸞聖人の理解がここに垣間見られる気がします。

以上の「文類」はすべて阿弥陀如来の「真」の姿を証明するものですが、最後の「化身土文類」は方便をもって衆生を真実報土へと導こうとする如来の「仮《け》」の姿を取り上げます。その理由を親鸞聖人は次のように述べています。「汚れたこの世の人たち、悪に染まった人たちは、釈尊の導きによって邪道を離れ、仏門に帰依してきたとはいえ、真実であることはきわめてまれであり、真理を得たものもきわめてまれである。虚偽を求め、虚偽にまみれたものだけが多く満ち溢れている。そのために釈尊はさらに浄土に生まれるための福徳に満ちた教えを説いて、この世の多くの人を引きよせられ、阿弥陀仏は誓いをたてて、広く迷いの世界の人々を導かれた」。これは第十八願の念仏による往生に疑問を抱き、安心が得られず、自分でできる功徳《くどく》に頼ろうとする人のために、阿弥陀仏が第十九願と第二十願を立ててくれたのだ、という親鸞聖人の解釈を示しています。

実はこれは親鸞聖人が歩んだ信仰の足跡を表してもいるのです。この文類のあとの方でそれを次のように記しています。自分は最初はあらゆる行を積んで、臨終に阿弥陀仏や諸菩薩の来迎を頼み、往生を願おうとしていたが、法然上人のもとで専修《せんじゅ》念仏に励んだ。しかし念仏を自分の功徳だと考えるのは真実のあり方ではないと思い知って、そこから第十八願に立ち帰る決心をした、というのです。これは第十九願と第二十願に基づく立場から第十八願へと転入したことを言い表したものとして、のちに「三願転入」と呼ばれるようになりました。このように「化身土文類」は親鸞聖人の信仰告白としても読めるのです。

(二) 往生と成仏――現生と来生

確認しますと、親鸞聖人の往生観の中心は第十八願に約束された「即得往生」にあります。すなわちその願の成就を示す「あらゆる衆生、その名号を聞きて信心歓喜《しんじんかんぎ》せんこと、乃至《ないし》一念せん。至心に回向せしめたまえり（したまえり）。かの国に生ぜんと願ぜば、すなわち往生を得、不退転に住せん（略）」（親鸞訓読）という文にあります。

とりわけ親鸞聖人が重要視したのは「すなわち往生を得（即得往生）」という文言の中の、往生の「時」に関わる「即」の字であり、その意味を次のように二様に解釈しています。「即得往生」というは、「即」はすなわちという。ときをへ（経）ず、日をもへだてぬなり。また「即」はつくという。その位に定まりつくということばなり。（略）すなわちとき・日をもへだてず、正定聚の位につき定まるを「往生を得」とはのたまえるなり」（『一念多念証文』）。また同じ文書に「また「即」はつくという。つくというは、位にかならずのぼるべき身というなり。世俗のならいにも、国の王の位に上るをば即位という。（略）これを東宮《とうぐう》（皇太子）の位にいるひとはかならず王の位につくがごとく、正定聚の位につくは東宮の位のごとし。王にのぼるは即位という。これはすなわち無上大涅槃にいたるを申すなり。信心のひとは正定聚にいたりて、かならず滅度にいたると誓いたまえるなり」と説明されています。信心の人が正定聚に至ることを、如来は「往生を得る」と言い表しているのだ、という受け止め方であり、「往生」は如来の言葉とされています。「来生」（第二十二願）もそうです。親鸞聖人は一般に「往生」という語には慎重で、衆生の側から「至る」、「帰入」、「即生《そくしょう》」、「能入」、「生れる」などという語を多用しており、これは熟考を要する問題です。

それはともかく、ここから信心獲得と同時に「往生すべき身」に定まるという見方（「同時即」）と、命終《みょうじゅう》の時に仏の来迎にあずかり、死後に往生するという見方（「異時即」）の二つの見方が出てくると言われます（岩波文庫『浄土三部経上』、三四三頁の解説）。前者は「現生《げんしょう》正定聚」と言われ、浄土真宗の見方であり、後者は浄土宗の見方とされています（前掲書同頁）。「即得往生」を現生正定聚の見方から理解するか、臨終往生の見方に立って理解するか、は浄土真宗でも古くして新しい問題です（小谷信千代『真宗の往生論』法蔵館、信楽峻雄『親鸞の真宗か蓮如の真宗か』方丈堂出版）。

ここで留意したいのは「即得往生」という語がどのような立場から見られているか、によって意味の違いが生ずるということです。願文の中の「即得往生」の語は如来のものです。その立場から見れば、「即」は「即時」を意味し、親鸞聖人はそれを「ときをへず、日をもへだてぬ」と理解しました。因みに『歎異抄《たんにしょう》』第一条の「弥陀の誓願不思議にたすけられまいらせて、往生をばとぐるなりと信じて念仏申さんとおもいたつこころのおこるとき、すなわち摂取不捨《せっしゅふしゃ》の利益にあずけしめたまうなり」という有名な言葉も、如来の側での働きを示しており、この「すなわち」は「即時」を意味しています。如来からすれば、往生は摂取であり、それは仏の国にすでに「仏」として摂取することであるはずです。しかも如来の働きにおいては因がただちに果を生みます。たとえば『教行信証』信文類では「横超断四流《る》（四つの煩悩を横に超えて断つ）」の「横超」について、親鸞聖人は「本願によって成就された清浄真実の浄土では、（略）わずか一瞬のうちに、すみやかにたちどころに最上のさとりをうる」と説明しています。

これに対して「即」を「つく」と受け取るのは衆生の側です。そこから見れば、往生はやがて就くべき位となり、予定のこととなり、したがってそこへ「至る」あるいは「帰入する」のです。同じことは「かならず滅度にいたる」という語の「かならず―いたる」（必至）についても言えます。如来の側では「必」は必然の事態ですが、衆生の側ではあくまでもまだ至っていない可能の事態にとどまります。この立場に立てば成仏は時を経て、日を隔ててはじめて成就することにならざるを得ません。親鸞聖人が「念仏の人は横超の金剛心をきわめるから、命の終わるその瞬間に、一足飛びに仏のさとりをうるのである」と言うのはそのことを指しているわけです。

如来の側の見方と衆生の側のそれとは二元的な矛盾構造をなしています。親鸞聖人はこの矛盾を自覚し、その解決ないし調停を模索し続けましたが、その一端を、たとえば正嘉《しょうか》元年十月十日付の性信御房《しょうしんおんぼう》という同朋宛の書簡で次のように示しました。「浄土の真実信心の人は、この身こそあさましき不浄造悪の身なれども、心はすでに如来とひとしければ、如来とひとしと申すこともあるべしとしらせたまえ」。凡夫であっても、如来より与えられた名号を聞いて、それを心から信じることができた念仏者が念仏を唱えるときには、その人はすでに仏の国土に摂取されて、他の諸仏とともに「仏と仏と相念じたもう」(『無量寿経』)世界に帰入し、阿弥陀仏を称賛し(第十七願)、そこに「不退転」(安養)の境地を得ている(第十八願の成就文)ということです。因みに「弥陀の五劫思惟《ごこうしゆい》の願をよくよく案ずれば、ひとえに親鸞一人がためなりけり。さればそれほどの業をもちける身にてありけるを、たすけんとおぼしめしたちける本願のかたじけなさよ」と親鸞聖人はいつも述懐していたという『歎異抄』(後序)の記事も、親鸞聖人の信心のこのような二元的な矛盾構造を示唆していると思われます。業の深さが暴かれて戦慄と絶望を覚えながら、それを悟らせてくれた阿弥陀仏に対する感謝と歓喜を表明したものですが、このとき親鸞聖人は阿弥陀仏の名乗りを聞き、互いに相念じ合っていたと想像したくなります。経典の文字がわが身のリアリティとなったことの確信と感動の表白であり、阿弥陀仏が生身《しょうじん》となったことの決定的記録でもあるからです。

それでは煩悩にまみれた凡夫がどうして「仏仏相念」の世界に帰入することができるのでしょうか。それは念仏が智慧《ちえ》の光明であり、それに照らされているからだというのが、たぶん親鸞聖人の答えだろうと考えます。『教行信証』は「ひそかにおもんみれば、難思の弘誓《ぐぜい》は難度海を度する大船、無礙《むげ》の光明は無明の闇《あん》を破《は》する恵日《えにち》なり」の文に始まります。如来の誓願は苦悩する衆生を悟りの彼岸へと解脱させる船であり、その光明は迷いの源である無明の闇を破る智慧であるというこの言葉は、釈尊の根本教説である四法印《しほういん》（諸行無常、諸法無我、一切皆苦《かいく》、涅槃寂静《じゃくじょう》）の「一切皆苦」という諦観、それと八正道《はっしょうどう》（正見・正思・正語・正業・正命・正精進・正定・正念）の「正見」という実践に由来します。親鸞聖人は仏菩薩を主体とする大乗仏教の立場に立ってはいますが、やはり釈尊に立ち帰ります。そして阿弥陀仏が釈尊の根本教説を引き受け、衆生が実践し易いように取り計らってくれたと考えて、その論証を試みます。その拠り所となったのは曇鸞大師の考えでした。

曇鸞大師は『涅槃経』（四依品）にある「光明は名づけて智慧とす」という文言を、天親《てんじん》（世親）菩薩の「尽《じん》十方無礙光《むげこう》如来に帰命したてまつる」という願文《がんもん》に重ね合わせ、『涅槃経』の言う光明をこの「無碍光如来」の光明と結びつけます。その上でこの光明が如来の名号に込められていると解釈して、「かの無礙光如来の光明は、よく衆生の一切の無明を破す」（『浄土論註』）という見方を打ち出しました。無明のもとでは自覚されないその闇を破って気づかせるのは、実はこの光明であるというのです。親鸞聖人はこの説に惹かれ、『正信偈』では「惑染《わくぜん》の凡夫、信心発すれば、生死すなわち涅槃なりと証知せしむ。かならず無量光明土に至れば、諸有《しょう》の衆生をみなあまねく化《け》すといえり」と曇鸞大師の思想の核心を述べています。また『高僧和讃』（曇鸞讃）では「尽十方無碍光は、無明の闇をてらしつつ、一念歓喜《かんぎ》するひとを、かならず滅土にいたらしむ」と謳《うた》い上げています。

さらに親鸞聖人はこれを、この光明に照らされるとき、その人は如来と等しいという思想にまで発展させます。慶信《きょうしん》御房の質問に対する書簡（十月二十九日付け）には、「無碍光仏は光明なり、智慧なり」という親鸞聖人の言葉のあとに、常随の蓮位《れんい》御房が別に親鸞聖人が書いておいた文があるとして、「如来とひとしというは、煩悩成就の凡夫、仏の心光に照らされまいらせて信心歓喜す。信心歓喜するがゆえに正定聚の数に住す。信心というは智なり。この智は、他力の光明に摂取せられまいらせぬるゆえにう（得）るところの智なり。仏の光明も智なり。かるがゆえに、おなじというなり」いう文を書き添えています。信心獲得の人はすでに無量光明土に往生しているということです。

しかし親鸞聖人においては、このように名号を唱えることによって無明の闇が破られるからといって、直ちに涅槃の境地に到達するわけではありません。「摂取の心光、つねに照護したまう。すでによく無明の闇を破すといえども、貪愛《とんない》（貪欲・愛欲）・瞋憎《しんぞう》（怒り・憎しみ）の雲霧《うんむ》、つねに真実信心の天に覆《くつが》えり」（『正信偈』）と言われ、また『歎異抄』第九条では「よろこぶべきこころをおさえてよろこばせざるは、煩悩の所為（しわざ）なり」と伝えられるように、光明に照らされることによって、かえって阿弥陀仏の慈悲に背を向け、素直に信心歓喜することができない自分の姿が、ますますはっきりと見せつけられると言われます。

しかし同じ『歎異抄』によれば、この絶望がまた翻って「仏かねてしろしめして、煩悩具足の凡夫と仰せられたることなれば、他力の悲願はかくのごとし、われらのためなりけりとしられて、いよいよたのもしくおぼゆるなり」という新たな喜びと安心へと転換されることになります。たぶんこのような心の激しい葛藤は親鸞聖人の生涯において繰り返されたことであろうと推察されます。晩年に作られた『愚禿悲歎述懐』の和讃には「浄土真宗に帰すれども　真実の信はありがたし　虚仮《こけ》不実のわが身にて　清浄の心もさらになし」という悲痛な心境が吐露されています。しかしそれはまた「無始流転の苦をすてて　無上涅槃を期《ご》すること　如来二種［往相・還相］の回向の　恩徳《おんどく》まことに謝しがたし」（『正像末和讃』）と仏恩に対するあり余る感激と感謝へと反転するのです。先に挙げた「五劫思惟の願をよくよく案ずれば、親鸞一人がためなりけり」という親鸞聖人の言葉は、本願の後ろ盾によって初めてこのような自分自身と正面から向き合う勇気が与えられた、という感謝の気持ちの表明とも受け取ることができます。

ただしこうした悲痛な心境は決して意志の弱さや怠慢を責める自虐的な反省ではなく、ましてや隠された逆説的な自己顕示などではさらさらなく、あくまでも智慧の光明に照らされた自己認識あるいは自己納得とでも言うべきものです。真実報土である無量光明土においてはじめて生ずる、凡夫であることの悟りです。先に挙げた『一念多念証文』における「凡夫」、すなわち人間の性の定義（一四三頁）もこの自己認識のもとで自得されたものでしょう。その限りにおいてこの心境にあるとき、その人はすでに仏の国土に往生しており、現生を度脱して生きていることになるでしょう。先に挙げた性信御房宛の書簡には、善導大師の『般舟讃《はんじゅ》』（諸仏現前三昧讃歌）にある「厭えばすなわち娑婆永く隔つ、欣《ねが》えばすなわち浄土につねに居《こ》せり」という偈文を解説して、「信心のひとは、その心すでにつねに浄土に居す」という意味だと書き、やはり「如来等同」という見方に結びつけています。つまり如来等同という境涯のもとで浄土に往生しているというのです。もちろん煩悩具足の凡夫は、真実の信心を獲得しても、凡夫であることには変わりなく、貪《とん》・瞋《じん》・癡《ち》によってその信心が曇らされており、光明を直接に見ることなどできるはずがありません。それはただ信心が揺らぐときに、光明に照らし出された貪・瞋・癡を意識する瞬間に感じられるだけです。『歎異抄』によれば、「よろこぶべきこころをおさえてよろこばざる」心が起こるとき、それが「煩悩の所為」だと知らされることによってそうなるのです。如来は「即得往生」を成就してくれているにもかかわらず、「苦悩の旧里はすてがたく」、それにしがみついている自分が照らし出される「時」です。その時に「仏かねてしろしめして、煩悩具足の凡夫と仰せられたること」が「いよいよたのもしくおぼゆる」のです。これが信心歓喜であり、往生の証です。これが起こる「ところ」が「浄土」です。浄土とは特定の場所ではなく、仏と仏を信じる人の間に、また仏を信じる人々どうしの間に成り立つ「仏仏相念」の非日常的な精神世界、つまり信仰に基づく世界であると理解しております。

そのことを親鸞聖人はまた恵心僧都源信の『往生要集』の言葉に代弁させています。すなわち『教行信証』の行文類（『正信偈』）および信文類に引かれた「われまたかの摂取のなかにあれども、煩悩、眼《まなこ》を障《さ》えて見たてまつらずといえども、大悲、倦《ものう》きことなくしてつねにわれを照らしたまうといえり」という文です。仏の白毫《びゃくごう》（眉間の白い巻毛）から発せられる光明があまねく十方の世界を照らし、念仏の衆生を摂取して捨てることはない。自分もまたその摂取の中にあって、たとえ煩悩のために肉眼では白毫しか見ることができなくとも、阿弥陀仏の大悲の光明は倦《う》まずつねにわが身を照らしているというのです。察するに親鸞聖人は源信僧都のこの信心歓喜に強い共感を覚えたものと思われます。

ついでながら源信僧都は来迎往生を説きましたが、親鸞聖人は来迎について別の理解を持っていました。「念仏成仏これ真宗」と言った法照禅師の「ただ名《みな》を称するのみありて、みな往くことを得。観音・勢至おのずから来り迎えたまう」（行文類）という文を参考にして、その意味をこう解釈しています。「「来」はかえるという。かえるというは、願海に入りぬるによりてかならず大涅槃にいたるを、法性《ほっしょう》のみやこへかえると申すなり。法性のみやこ「へかえる」というは、法身と申す如来のさとりを［念仏者が］自然にひらくときを、みやこへかえるというなり」（『唯信鈔文意』）。本願に摂取されて真実の信心を獲得すると同時に真実報土への往生、すなわち成仏が成就するというのが本願の約束です。しかし凡夫は煩悩に邪魔されて「臨終一念の夕」までそれを成就することができません。命終わる時にはじめてそこへ「かえる」のであり、その時に法身仏と同じく「無為自然《むいじねん》」の悟りをひらくことができる、つまり成仏するのです。『歎異抄』は「ちからなくしておわるときに、かの土《ど》へはまいるべきなり」という親鸞聖人の言葉を伝えていますが、これも同じ思想を述べたものと思います。唯円《ゆいえん》御房が「来生《らいしょう》の開覚」と言ったのもそのことでしょう。

それでは「臨終一念の夕」に涅槃を証して成仏することで往生は完結すると考えた親鸞聖人は、「あの世」、すなわち来世のことをどのように考えたのでしょうか。覚念坊という同朋の訃報に接して、高田の入道に宛てた書簡にこう書かれています。「覚念坊の御こと、あれこれと思い出されて寂しいことです。さだめし、私、親鸞が先立つであろうと、その時を待ちこそしていましたのに、先立っていかれましたこと、申す言葉もありません。覚信坊も先年亡くなりましたが、間違いなく先立って浄土でお待ちになっていることでしょう。必ずお二人は出会われるに違いありませんから、何も申すに及びません」（細川行信他『親鸞書簡集』法蔵館）。また有阿弥陀仏から浄土の辺土への往生について尋ねられたことへの返書の末尾には、「私も、今ではもうすっかり年をとってしまいました。必ずや貴方に先立って往生を遂げることでしょうから、浄土で必ず貴方をお待ちいたしましょう」（前掲書）とあります。

これらから親鸞聖人は因習的な来世往生観をもっていたと考えるにはためらいを感じます。明法房という同朋の訃報を聞いた際の書簡には、ただ「うれしく候」とあるだけです。また覚信坊や覚念坊および高田の入道はいわゆる高田派の同朋ですが、この派には善光寺聖《ひじり》と近しい人が多かったと言われており（平松令三『親鸞』吉川弘文館、今井雅晴『親鸞の家族と門弟』同）、そうすると善光寺聖の往生観も検討する必要がありそうです。また有阿弥陀仏の質問は辺土往生の可否と意義に関するもので、第十八願以外の本願による往生に関心を抱いていた人のようです。おそらく第二十願あたりかと推測されますが、いずれにせよ親鸞聖人は相手の往生観を念頭においているようにも思われます。それでも有阿弥陀仏に対する回答は、結局は念仏を「信じる」ことの大切さを強調するものであることは見逃せません。また直接の証拠ではないのですが、覚如上人の『口伝鈔《くでんしょう》』は曾祖父に当たる親鸞聖人の次のような考えを伝えています。四苦八苦の中でも最も辛い「愛別離苦」の苦しみに打ちひしがれている人に対しては、別れた人は「弥陀の浄土へもうで（詣で）」るのだと説いて、「安養界《あんにょうかい》の常住なるありさま」をよく理解させ、「かなしみにかなしみを添うる」ようなことは決してすべきではない。そして「酒はこれ忘憂の名あり。これをすすめて笑うほどに去るべし」と言った、とあります。ここには浄土での再会を示唆するような言葉は見当たりません。また飲酒《おんじゅ》を旧仏教の五戒から解き放してもいます。おそらく関東の同朋たちの間に来世往生や辺土往生に対する期待やこだわりが強くあったらしいことが窺われます。これは教団史の問題になるだろうと思います。

親鸞聖人の基本的な立場に即して考えれば、次のような理解が得られると思います。『高僧和讃』の「曇鸞讃」の「如来清浄《しょうじょう》本願の無生《むしょう》の生なりければ」のところに、「六道の生をはなれたる生なり。六道四生に生《うま》るること、真実信心の人はなき故に無生という」と左訓《さくん》が付けられていて、往生は無生の生、つまり因果応報を越えた生だとされています。そうするとこれは生前の家族関係や社会関係を超越した生ということになり、往生後の再会は、かりにあるとしても生前の人間関係そのものの再現ではないことになります。再会ということがあり得るとすれば、現生において正定聚の位に定まり、互いに同朋として如来と等しい心をもって相念じ合うその間柄が、阿弥陀仏の「常照護」のもとで、早晩前後の違いはあれ命終の後に、そのまま諸仏の「仏仏相念」の間柄へと昇華することだ、としか今のところ考えることができません。しかしこれは「自然」のことです。

むすび――自然法爾について

「浄土の真実信心の人は、（略）心はすでに如来とひとし」と親鸞聖人は言い、また「信心の人は、その心すでにつねに浄土に居す」とも言います。それならばその「心」、すなわち現生往生における心はどのようなものなのでしょうか。察するに自然法爾《じねんほうに》という語を説明した、八十六歳のときの法語にそのヒントが求められるかもしれません。

「「自然」というは、「自」はおのずからという、行者のはからいにあらず。「然」というは、しからしむるということばなり。しからしむるというは、行者のはからいにあらず、如来のちかいにてあるがゆえに法爾という。「法爾」というは、この如来の御ちかいなるがゆえに、しからしむるを法爾というなり（略）」。この法語は同朋の顕智《けんち》御房が筆記したものですが、要するに念仏の行者は一切の「はからい」を捨て去り、如来の「ちかい」の「しからしむる」がままに任せることが肝要だということです。これは法然上人からいただいた専修念仏であり、親鸞聖人はそれを最晩年まで頑なに守り続けておりました。

さらに続けて「ちかいのやう（有様）は、「無上仏にならしめん」と誓いたまえるなり。無上仏と申すは、かたちもなくまします。かたちもましまさぬゆえに、自然とは申すなり。（略）弥陀仏は自然のやうをしらせん料《りょう》（手立て）なり」と他力による成仏を説明します。阿弥陀仏の誓願は衆生を無上仏に成らせるものである。無上仏とは形がなく、真に自由であり、それゆえに自然である。この自然は凡夫にあっては願力に任せた自然であり、この自然のままの「心」が無上仏である。阿弥陀仏はそのことを凡夫に知らせるために現れた化身仏としての如来であり、如来はもともと自然である。他力の立場に立てばそういうことだと理解します。『高僧和讃』（善導讃）には「自然の浄土」という語があります。

「真仏土文類」では往生を説明するのに、「みな自然虚無《こむ》の身、無極《むごく》の体を受けたるなり」という『無量寿経』の文を引いています。親鸞聖人の思想では、真仏土に往生することは成仏することを意味し、それによって一切の束縛から解脱するとされます。その有様が「自然・虚無・無極」という語で表されます。往生も成仏もここではもはや意識されません。これに対して煩悩具足の凡夫にとっての往生、正定聚の位に住すること、すなわち前述のような無量光明土における如来等同という境涯のもとでの往生においてはいぜんとして虚無の身に成り切っておらず、因果の生と不浄造悪の身に縛られたままです。それが「自然」になるためには阿弥陀仏の本願の力に乗托《じょうたく》するほかありません。「念仏成仏自然なり」（『高僧和讃』善導讃）とはいわゆる願力自然のことです。これは念仏する人の「はからいにあらず」ということです。こうして凡夫は念仏のもとで智慧の光明に照らされて、因果の生と煩悩具足の身を自覚し、反転して阿弥陀仏の方へ向かい、念仏を唱えるその「時」だけ煩悩から解脱することができるようになります。この「時」はかけがえのない時であり、その体験の有無はたぶん雲泥の差となるでしょう。たとえその時が瞬間であっても、それは永遠なるものに触れた奇跡的な時であり、人生におけるその意義は決定的だと思います。あとはその時とその喜びをどう反復し、確かめていくか、それは念仏する人自身に委ねられることになります。

古い話から一つの例を引いてみます。浄土真宗では篤信の念仏者を「妙好人《みょうこうにん》」と呼び習わしてきました。安永六年（一七七七年）に三河国渥美郡田原（愛知県）に生まれて七十七歳で往生した「その」という妙好人が、或る日町を歩いていると通りすがりの女性が「婆さんが空《から》念仏を唱えている」と言いました。それを聞いた「その」さんは振り向いて後を追いかけました。言った女性はてっきり咎められるかと思いきや、「この婆々の口に称えた念仏が、もしも功徳になって助かるならば何としょう。まるまる助けられた後「住正定聚位」の空念仏とは嬉しい。よう知らせてくれた」とかえって礼を言われたと伝えられています（柳宗悦『宗教随想』春秋社）。願力自然の自内証を得た信心歓喜の表明ですが、それは「空《から》」の心境であり、往生という意識のない往生です。

新しい例を一つ紹介します。小児科医の宮崎幸枝《ゆきえ》さんは、末期のがん患者にかける言葉が見つからなくて行き詰まったとたん、自然と「トダさん、ナンマンダブツはね、阿弥陀さまが、もうトダさんを抱っこしてるよ。心配ないよ。まかせておけ、と言う阿弥陀さまのおよびの声なのよ。（略）お浄土があってよかったね、トダさん一緒にお念仏しましょう」と呼びかけた。すると般若の面のようこわばっていた患者の顔が穏やかになり、笑顔に変わり、その口から念仏が出てきたと書いています（「人生の解決　お浄土があってよかったねということ」西本願寺『大乗』ＰＲ版、二〇一六年一一月号）。このような表情と態度の変化はまさに往生の瞬間における出来事であり、往生の何よりの証です。娑婆世界の苦を解脱した、この心の立ち直りを「往生」と言わないとしたら、ほかにどう言えばよいでしょうか。またまさしく阿弥陀仏によって結び合わされた宮崎さんとトダさんの安楽の心は、すでに「浄土に居す」と言ってよいでしょう。互いに念じ合い、念仏が響き合うこの「仏仏相念」の世界を「浄土」と見ないとしたら、そこはどこでしょうか。一如・真如への直道、すなわち真仏土における往生・成仏へと続く自然《じねん》の往生の歩み、さらに言えば『歎異抄』（第七条）の「無礙《むげ》の一道」の歩みはそこから始まるのでしょう。晩年の曽我量深《そがりょうじん》師が往生を「新しい生活」と説いたときに、念頭におかれていたのはこのような往生ではなかったか、と思い起こしています。「信心決定《けつじょう》の時に、既に往生の道というものが開けておるものである……新しい精神生活をして往生というものが既に成就しておるのである」と言われています（『曽我量深講話録五』大法輪閣、一三八頁）。そのとき阿弥陀如来の本願成就が念仏をする人のもとで歴史的現実となり、新しい心の拠り所となるということでしょう。

また親鸞聖人の言う「還相回向」とは、このような「はからい」なしに奇跡を起こす行為を指すのだと思います。それに『教行信証』の最末尾にある、「前《さき》に往生した人は後《のち》の人を導き、こうして結縁《けちえん》が果てしなく続いていくように」という内容の、中国の道綽《どうしゃく》禅師の『安楽集』からの引文もこれと思い合わされます。そして「菩薩みな摂取す」（『華厳経』入法界品）、言い換えれば、菩薩は念仏をする「一切善悪の凡夫」（『正信偈』）を救う、という文句で全篇が結ばれています。

「あの世」のことに思いを寄せることはもちろん大切です。凡夫にとっては「来生の開覚」としてはじめて究極の成仏が現成し、常楽に至るのですから。しかしそれは「臨終一念の夕」に自然に成就することです。むしろ「この世」をどのように生き、安心・安楽を得るか、つまりまずもって現生往生（住正定聚位）を成就し、そこで生きることが「後生《ごしょう》の一大事」だ、というのが親鸞聖人の呼びかけだと理解しております。

なお引用に当たって現代文に書き改めた箇所は、『日本の名著6　親鸞』（中央公論社）を参照しました。

7

唯識の生死観

――阿頼耶識ということ――

竹村牧男

生死輪廻と業の思想

このシリーズ講演は「この世とあの世」と題されていて、諸宗教の生死観《しょうじかん》（死生観《しせいかん》）がテーマとなっています。そこで、私はこれまで唯識《ゆいしき》思想の勉強をしてきましたので、仏教の唯識説が説く阿頼耶識《あらやしき》のあり方をもとに、生死輪廻《りんね》のことについてお話をさせていただきます。

はじめに、仏教は生死輪廻ということをどのように見ているのかを確認しておきます。生死輪廻が本当にあるのかどうかは、なかなか確認のしようがありません。我々にはわかりがたいことなのですが、少なくとも仏教では、生死輪廻があることを前提として教理が組み立てられています。あるかどうかはわからなくとも、そういう世界観のもとに教えが説かれていることは事実ですので、現代人にとっては、その中でどういうことを汲み取るかが課題といえましょう。

まず初めに、生死輪廻の前提となっているのが、業《ごう》（カルマ）の思想です。業とは行為そのものと、その行為にそなわる、必ず未来に影響を及ぼし何らかの結果を招く力との、その双方を意味するものです。釈尊はこのことを認めたとされており、行為論者（業論者）とも言われます。

業の考え方の基本は、「善因楽果《ぜんいんらくか》・悪因苦果《あくいんくか》」です。要するに、善を行えば未来に楽しみの結果を得ることができ、悪を行えば苦しみの結果を招いてしまう、というのです。未来にと言ったのは、この世の中の将来だけでなく、次の世、来世にまでも影響を及ぼしてゆくということです。

仏教では、善とは「二世にわたって自他を順益《じゅんやく》するもの」と定義されています。二世とは現世と来世で、自他とは自分だけではなく他者も、ということです。これに対し悪は、「二世にわたって自他を違損《いそん》するもの」とされています。つまり何らか悪《あ》しき行いをすると、この世だけでなく来世まで、自分だけでなく他者をも損ねる結果を招いてしまうというのです。

具体的には、無明《むみょう》を根本とするさまざまな煩悩《ぼんのう》を起こすと、いつかは苦しみの結果を招くというわけです。それをわかりやすく、来世には苦しみの多い世界、地獄《じごく》・餓鬼《がき》・畜生《ちくしょう》に生まれる、と説きます。

一方、善とは簡単に言えば修行のことで、大乗仏教で言うと六波羅蜜《はらみつ》――布施《ふせ》・持戒《じかい》・忍《にん》辱《にく》・精進《しょうじん》・禅定《ぜんじょう》・智慧《ちえ》――やさまざまな徳目に沿って行動していれば、また人間界や天界に生まれる、あるいは解脱《げだつ》していく、と考えるのです。

したがって、今生《こんじょう》の日常の行為によって、次の世にどこに生まれるかが決定されていきます。その生まれ変わる世界は地獄・餓鬼・畜生・修羅《しゅら》・人間・天上の六つで、これらを経めぐるのを、六道輪廻と言います。修行してたくさん善を積むと、天上を超えて、声聞《しょうもん》・縁覚《えんがく》・菩薩《ぼさつ》・仏《ぶつ》という段階に達します。この四つを六道と合わせて、十界と言います。

このように、行為に関する独自の考え方が仏教にはあります。

四有説――生有・本有・死有・中有

生死輪廻に関するもう一つの基本的な考え方として、四有《しう》の説があります。ここでの有とは五蘊《ごうん》のことで、個体の身心の存在のことです。四有とは、

生有《しょうう》↓本有《ほんぬ》↓死有《しう》↓中有《ちゅうう》↓生有……

という四つのあり方で、中有の後はまた生有から続いていきます。

生有とは、人間であれば母親の母胎に着床した瞬間、その一刹那《せつな》のことを言います。その後、死ぬまでの一生涯が本有です。生きているその間のさまざまな行為によって、次にどこに生まれるかが決まります。つまり死ぬ時には、次に生まれる世界がもう決まっているのです。けれども、一刹那の死有を経て、いったん中有という世界に入ります。ここには最長で四十九日間いて、その間に生まれるべき次の世界に生まれるということになります。この四

つの存在のあり方で、生死輪廻を説明するのです。

死ぬ時の様相についても、仏教ではいろいろ説いています。よく「断末摩《だんまつま》の苦しみ」ということを言います。ふつう新聞や雑誌では「断末魔」と表記されています。この文字から想像して、断末の時に魔がやってくる恐怖というように解釈されているのではないでしょうか。これは実は間違いです。「末摩」が一つの言葉で、サンスクリットのマルマンを音写しただけですから、この漢字に意味があるわけではありません。マルマンとは人体にある経絡《けいらく》、いわゆるツボのようなものです。死ぬ時にこの末摩が断割されるのが、断末摩の苦しみということです。断末摩の苦しみは必ず受けるとは限らず、悪しき行為をしてきた者は、この苦を受けることが多いと言われています。

あるいは、悪業ばかり犯してきた人は頭の方から冷えていって心臓まで冷却が達したときに死に、善業を修めてきた人は足の方から冷えていき心臓に至った時に死ぬ、ということが『倶舎論《くしゃろん》』等で言われます。

死ぬ時には光に出会うということも言われています。現代の臨死体験の報告を読むと、多くの人が光に出会っています。精神科医のキューブラー・ロスは、死んだ時には慈愛の光に包まれ、蛹《さなぎ》が蝶になって羽ばたくようなもので、怖いものではないと言っています。

仏教でもたしかに光に出会うと説くのですが、先ほど申したように次の行き先が業によっても決まっています。光に出会ったからといって、そこが変わるわけではないのです。また人間に生まれるかもしれないし、地獄に落ちるかもしれない。中有という世界では次の世に生まれる世界の生き物の身体に似た、物理的抵抗性に遮られない独自の身体を持っていますが、我々人間の肉眼では見えないということです。

次の世に生まれる可能性が七日目ごとにやってきて、さまざまな縁が調うとそのいずれかの日に次の世に生まれる、そうして遅くとも四十九日目には必ずどこかに生まれると言われているのです。長くとも四十九日のうちに生まれ変わってしまうなら、一周忌や三回忌といった行事は果たして意味があるのだろうかとも思えますけれども、まあ地獄に生まれているかもしれませんので、供養《くよう》した功徳《くどく》が届いてその人のためになるのかもしれません。

このように仏教では輪廻が本当にあるように語られます。あるいは仏智で照らすと、そのようなことが見えるということなのかもしれません。

十二縁起説――無明~老死

生死輪廻を説明する教説として、さらにもう一つ、十二縁起《じゅうにえんぎ》（十二因縁《いんねん》）説があります。仏教を学ぶとまず、釈尊の教えは「四諦《したい》・八正道《はっしょうどう》・十二縁起」と習ってきたのではないかと思います。

四諦は苦《く》・集《じゅう》・滅《めつ》・道《どう》の四つの真理です。我々の人生は苦しい。苦しみには原因があり、また苦しみは滅することができる。そしてこの究極の安らぎに導く道がある。これが四つの真理であり、このうち道諦が八正道として説明されました。

一方、十二縁起は、無明煩悩を起こせば生死の苦しみを受けて輪廻する。しかしそれがなくなれば涅槃《ねはん》に入る。つまり四諦を生死輪廻に即して詳しく説明するのが十二縁起といえます。十二縁起は、

無明《むみょう》→行《ぎょう》→識《しき》→名色《みょうしき》→六処《ろくしょ》→触《そく》→受《じゅ》→愛《あい》→取《しゅ》→有《う》→生《しょう》→老死《ろうし》

という十二項目が縁起を成しているという教説です。〈無明〉があるから〈行〉がある、〈行〉があるから〈識〉がある、というように、こうして最終的に〈老死〉の苦しみがあると見ていくのを十二縁起の順観といいます。逆に、〈無明〉がなければ〈行〉もない、〈行〉がなければ〈識〉もないと見ていき、ついには〈老死〉もないということになる、これが逆観です。このように十二縁起は生死輪廻を説明するとともに、生死輪廻を超える道筋を表すものでもあるわけで、その両方の意味を持っているわけです。

この十二縁起について、説一切有部《せついっさいうぶ》の解釈では、人間は誰もが〈無明〉を抱えていると説

きます。キリスト教の原罪のようです。では、〈無明〉とは何かが問題ですが、夢を見ている時にこれが夢だとわからないように、何が〈無明〉かは、〈無明〉の中にいる者にはわかりません。悟ってみれば、あれは〈無明〉の中のことであったかとわかる、そのような根源的な無知を生まれつき抱えている、という認識があります。

この〈無明〉に基づいて貪瞋痴《とんじんち》などの煩悩が表れてきて、その煩悩のもとに行為をする、この行為を身語意《しんごい》（身口《く》意）の三業といい、からだ・ことば・こころの三方面から行為をみるのが仏教の見方です。いずれにしても無明・煩悩が関わることによって悪しき業を積んでしまう。この業を十二縁起では〈行〉としています。

もちろん我々は〈無明〉を抱えていても、師匠に学び仏典に学ぶことで、善を行うこともあり得るのです。そうした善悪の総和によって次の世にどこに生まれるかが決まってくると考えるのです。そのように次の世に生まれるのが〈識〉です。〈識〉とは、母胎に託生する初念（一刹那）の位とされます。

次の〈名色〉を中村元《はじめ》先生はなるべくわかりやすく訳したいということで、「名称と形態」と訳されています。確かに言葉の普通の意味はそのようなことなのですが、専門用語としての名はけっして名称のことではなく、五蘊（色《しき》・受《じゅ》・想《そう》・行《ぎょう》・識《しき》）のうち、色以外の四蘊のことなのです。つまり名（非色の四蘊）と色で五蘊ということになるのです。

五蘊は個体を構成する諸要素です。そのうち色は物質的なもの、受・想・行・識は精神的なもので、四つの別々の心が合わさって心理作用を形成するとみます。受とは苦・楽の感情です。想は取像《しゅぞう》ともいい、認知するはたらきと私は考えています。行は単純に考えて意思と捉えればよろしいでしょう。識は推理や判断です。こうした別々の心があって、それが仮に和合して自己がある、これが五蘊無我という説です。

たとえば自転車の車輪は、タイヤや輪っかやスポークなどが集まったものを車輪と呼ぶのであって、一つの本体としての車輪というものはありません。同様に人間は、身体といろいろな心とが仮に和合してあたかも一つの個体を形成しているけれども、常住で変わらない主体としての自我（アートマン）というものはないと仏教では説くのです。

部派仏教の説一切有部では、五蘊はそれぞれ本体としてあるけれども、アートマンはないと説きました。しかし大乗仏教になると、『般若心経《はんにゃしんぎょう》』では「色即是空《しきそくぜくう》、空即是色《くうそくぜしき》、受想行《じゅそうぎょう》識《しき》、亦復如是《やくぶにょぜ》」と、色だけではなくて受想行識も空である、空であるけれども現象していると説くようになるのです。

次の〈六処〉は六根《ろっこん》のことです。眼根《げん》・耳根《に》・鼻根《び》・舌根《ぜっ》・身根《しん》・意根《い》という感覚器官・知覚器官を意味します。ですからここは胎児に眼や耳の形が現れた段階を意味し、託生後五週間以降くらいにあたります。ですので、この前の〈名色〉は母胎に受生してから感覚器官が出来てくるまでの胎児の期間を意味していることになります。〈触〉は、母体から生まれて心と環境世界とが感覚器官を介して接触することです。この〈触〉に生後二、三歳までを読み込むということになっています。

成長するにつれて感情が発達してきて、十二、三歳までを〈受〉という段階にあてます。この感受には苦《く》・楽《らく》・捨《しゃ》とあり、捨は苦でも楽でもないという意味で、苦受・楽受・非苦非楽受となります。

〈愛〉は貪愛《とんない》の心が盛んになるということで、愛着・執着が目立ってくる十四、五歳の思春期以後ということになります。ここでは性愛に関する欲望も発達してくるでしょう。さまざまなものに対する愛着・執着がさらに激しくなったのが〈取〉で、青年期以降にあたります。〈取〉になると、ものに対する愛着だけではなく、名誉や地位、権力といったものに対する激しい執着が出てくるのです。

そうやって未来のどこかに生まれる業が形成されてしまう、それを〈有〉と言います。未来の果を有《ゆう》するので業を有というのであって、何か存在などといったことを意味しているわけではありません。そして次の世に生まれるのが〈生〉で、同じようなプロセスを経て、〈老死〉となります。

このように説一切有部の十二縁起では、たとえば〈無明〉と〈行〉は過去世、〈識〉から

〈有〉までが現世、〈生〉と〈老死〉が未来世ということになります。過去を因として現在の果があり、その現在が因となって未来の果がある、二つの因果があるというわけで、これを三世両重《さんぜりょうじゅう》の因果説と言います。説一切有部の十二縁起は胎生学的とでも言いましょうか。こうして生死輪廻がやまないということが仏教で説かれているのです。

逆に無明に基づく行為をなるべく減らしてゆけば、この生死輪廻がやんで涅槃に入ることができるということになります。人間にはとうていそんなことはできませんので、阿弥陀仏の本願《ほんがん》によって救っていただこうという他力浄土門のような信仰も展開してくるのです。

しかし、唯識の十二縁起の解釈は、これとはかなり異なっています。このことについては次にふれます。

無我と輪廻をどう考えるか

仏教ではこのように生死輪廻を説く一方で、無我を旗印としています。

インドの伝統的な思想では、アートマンつまり自己の本体と、宇宙の本体であるブラフマンがあるのだと考えます。このアートマンとブラフマンが実は一つのものである（梵我一如《ぼんがいちにょ》）と自覚した時に解脱できる。しかしこれは本格的な修行者でなければできないので、一般の人たちは、来世に少しでも良い所に生まれることができるように、バラモンにお願いして祈祷《きとう》してもらいお布施をして善根《ぜんごん》を積むという仕組みになっていました。

仏教では、業説は取り入れたのですが、アートマンはないと説きました。今・ここの、かけがえのない、そのつどそのつどの本来の自己がないというわけではありません。常住なる主体としての自我はないと明確に否定したのです。ですから仏教の無我説は、インドにおいては異端の思想なのです。

生死輪廻を釈尊自身が認めたかどうかはわかりません。初期仏典といえども後世に編纂されたものですから、本当に釈尊が説いた言葉はどれなのかと突き止めるのは、難しい作業です。しかし少なくとも仏教ではその初期の段階から生死輪廻を認めていました。そのため、無我を前提として生死輪廻というものをどう説くかは大きな問題でした。

部派仏教の説一切有部では、この世を形成する諸要素として五位七十五法《ごいしちじゅうごほう》のダルマを分析し、このダルマは未来から過去まで存在し続けていると考えました。これを三世実有《さんぜじつう》・法体《ほったい》恒有《ごうう》と言います。つまり未来世からダルマが現在にやってきて作用を起こし、その本体は過去に残り続けるというのです。過去に残っているダルマが何かの縁で業の力を発揮してまた五蘊を和合させていく。過去が存在し続けているという見方から、ダルマの離合集散が行われるというしかたで、業の説明をしようとしたのです。

ところが大乗仏教は、未来はない、過去もない、現在しか存在しないという明確な立場に立ちました。ここで業をどう説明したかといいますと、行為はなくなったとしても、何らか行為をしたということが情報としてどこかに蓄積され、たとえば遺伝子のようなところに刻まれて、それが現在から現在へと伝えられていくと考えたのです。

しかしその情報が身体に蓄えられたとすると、死んだらなくなってしまいます。そこで考えられたのが、人間には心の奥の世界があって、そこに行為の情報が植え付けられ、それが生死を超えて伝えられ、業のはたらきが担保される。こう考えて、その意識下の心を阿頼耶識と名づけたのが唯識思想です。

唯識――心の中に身体と環境がある

阿頼耶識の阿頼耶とはサンスクリットのアーラヤの音写であり、蔵《くら》という意味で、過去一切の経験を貯蔵している世界です。唯識では人間を八識で説明します。眼識・耳識・鼻識・舌識・身識・意識・末那《まな》識・阿頼耶識の八つです。初めの五つは五感の視覚・聴覚・嗅覚・味覚・触覚に相当します。六つ目の意識は判断等の知性です。その奥にある末那識は絶えず自我に執着している心で、さらにその奥に阿頼耶識という倉庫があるというのです。

阿頼耶識とそれ以外の七転識《しちてんじき》との関係は、見たり聞いたり考えたりという七転識がはたらくと、それがただちに阿頼耶識に植え付けられる。これを熏習《くんじゅう》といいます。お香を焚《た》いてその上に着物をかけておくと香りが着物に写るように、我々が見たり聞いたり考えたりしたことは、ただちに阿頼耶識に写し込まれるのです。これを「現行熏種子《げんぎょうくんしゅうじ》」と言います。

なぜ種子と言うかというと、写し込まれた情報が未来に同じ経験を生み出す因《たね》となるからです。これが「種子生現行《しゅうじしょうげんぎょう》」です。八識は一瞬一瞬、生じては滅し生じては滅ししながら続いています。このことを、刹那滅《せつなめつ》といいます。眼識や耳識はぐっすり眠ってしまえばはたらきませんから、絶えずはたらいているわけではありません。しかしその底にある阿頼耶識は、一瞬のすきまもなく相続されています。一刹那前の阿頼耶識は次の刹那の阿頼耶識に種子を送り込みます。これを「種子生種子《しゅうじしょうしゅうじ》」と言います。

現在の行為は過去になると消えますが、見たり聞いたりしているその刹那にその情報が阿頼耶識に植え込まれる、それが次の刹那へ、つまり現在から現在へと伝えられていく。このようにすれば、過去が消えてなくなってしまっても行為の情報は伝えられます。

しかも阿頼耶識の中に身体（個体）と器世間《きせけん》（環境世界）が現れます。現れるといっても不可知なので我々にはわかりません。自分たちが知っている身体や環境は五感を通して見たものです。五感を通して見る以前に阿頼耶識に維持されている身体と環境があるとされているのであり、しかしそれらは不可知なのです。これは経験することができない世界ですから、理論的にそうなっているとしか言いようがありません。身体の中に感覚器官や脳があって見たり聞いたりするのではなく、心の中に身体と環境世界が維持されていて、その中で見たり聞いたりが行われ、それがただちに阿頼耶識の中に植え込まれるのです。

こうして、唯識説に立つとき、生死輪廻ということは、阿頼耶識の中に個体と環境が生まれて一定期間、相続し、寿命が来たら消え、中有を経て次の世に生まれるという時に、次の世の個体と環境が現れて、また一定期間相続されていく。こういうかたちで、過去も未来もなく、無我でありながら生死輪廻していくという説明をしたのです。

私たちがふだん見たり聞いたりする時に、清らかな心で行うこともあれば、煩悩を伴って行うこともあります。それが善や悪の情報になって阿頼耶識に蓄えられ、未来にどこに生まれるかを決定する要因になる、この要素を業種子《ごっしゅうじ》といいます。それに対して、身体と器世間の種子を名言種子《みょうごん》といいます。名言種子というのですが、具体的に言語に関するものということではなく、ともかく八識すべての（相分《そうぶん》・見分《けんぶん》の）種子を、名言種子というのです。要は、どういうふうに善もしくは悪の行為をしたかが阿頼耶識の中に蓄えられて、次の世にどの世界の身体と器世間を現行させるかを決定していく、こういうカラクリを考えたわけです。

唯識が説く十二縁起

一方、唯識の立場から十二縁起を見たのが、二世一重《にせいちじゅう》の因果説です。〈無明〉と〈行〉は業種子を意味します。〈識〉〈名色〉〈六処〉〈触〉〈受〉までが未来のどこかに生まれるものの直接的な種子（名言種子）です。続く〈愛〉〈取〉は、実に臨終時にまだ死にたくないと執著して起こす煩悩です。それが生死輪廻を促進する契機になるというのです。〈有〉は煩悩によって確実にどこかに生まれると約束された状態。そして死んだ後どこかに〈生〉まれ、〈老死〉するのです。こうして、たとえば〈無明〉から〈有〉までが過去世とすると、〈生〉〈老死〉が現在世ということになります。ですので、二世一重の因果説と言われるわけです。

〈愛〉〈取〉の臨終時の煩悩は、業種子と業果の種子（名言種子）を潤すので「潤生《にんじょう》の惑《わく》」と言われます。それはあたかも地中にある穀物の種が、雨露（潤縁《にんねん》）等が加わることで発芽（感果）するというように説明されます。

ですから、臨終時にどういう心持ちでいるかがとても重要だということになるのですが、そのとき心を正念《しょうねん》にたもつことはなかなか難しいことです。浄土教では臨終時に南無阿弥陀仏と一回でも念仏すれば、莫大な罪が消えると説いています。しかしふつう臨終時には意識も朦朧としていて、念仏を唱えることなどできないかもしれません。それでもっと確実な救いはないのか、これが日本浄土教の中で追求された課題でした。親鸞《しんらん》聖人は、もうすでに救ってくださっていることに気付いて、臨終時がどうであれ大丈夫だという安心《あんじん》を得ることを説きました。法然《ほうねん》上人にしても一遍《いっぺん》上人にしても同じようなところがあります。

こうして、唯識では行為の情報が阿頼耶識に蓄えられます。ちょうどコンピュータみたいなもので、画面に表示したものが直ちにハードディスクのような記録媒体に蓄えられ、いったん閉じても再度、開けばよみがえってきます。ハードディスクは物質としてずっとあり続けると思われるかもしれませんが、唯識では刹那刹那、生じては滅し生じては滅ししながら、情報が継承されていくのです。その中で、無我だけれども生死輪廻していくということを説明したのです。

阿頼耶識というものがなぜ説かれたかについては、さまざまな考え方がありえます。決して生死輪廻の説明のためだけではありません。たとえば修行して深い禅定に入ると、意識だけでなく末那識も滅する。けれども禅定からまた日常に戻ってくるのは、末那識を超えた第八識の阿頼耶識があって、その人の身体を維持しているからだ、というような説明のしかたもあるのです。

阿頼耶識は暴流の如し

阿頼耶識が、始めのない過去から終わりのない未来まで、刹那滅ながら相続されている様子を、唯識では「暴流《ぼる》の如し」と言っています。暴流とは、滔々《とうとう》と流れる大河のことです。めでたく修行が成って仏になると、阿頼耶識は大円鏡智《だいえんきょうち》（大きな丸い鏡のような智慧）となって、さらにずうっと続いていくと考えられています。そういう阿頼耶識について、『成唯識論《じょうゆいしきろん》』という唯識の根本聖典には、次のようにあります。

暴流の水の、断《だん》にもあらず常《じょう》にもあらずして、相続して、長時に漂溺《ひょうにゃく》する所あるがごとし。無始よりこのかた生滅し相続して常にもあらず断にもあらず、有情《うじょう》を漂溺して出離せざらしむ。

また、暴流の、風等に撃《げき》せられて、諸々の波浪《はろう》を起こすといえどもしかも流すること断ぜず。此《こ》の識もまた爾《しか》なり。衆縁《しゅえん》に遇《お》うて、眼識の如きを起こすといえども、しかも恒《つね》に相続せり。

また、暴流の水の下・上の魚・草等の如き物を漂して、流れに随って捨せず。此の識もまた爾《しか》なり。内の習気《じっけ》と、外《げ》の触《そく》等の法と与《とも》に恒に相続して転ず。

生じては滅ししながら流れていく大河は、常住ではないけれども断滅するわけではない、しかもいろいろなものを漂わせて運んでいく。そのように阿頼耶識は、六道輪廻の間、その衆生を運んでいくということを言っているのでしょう。これが、阿頼耶識が暴流の如しというとの一つの意味です。

また、いろいろな波を起こしながら流れてゆくのも、阿頼耶識は同じだというのです。さまざまな縁に応じて阿頼耶識にある種子が現行し、見たり聞いたり考えたりがなされ（諸々の波浪）、また同時にその熏習を受けて、そうしながら阿頼耶識自身は相続していきます。

さらに、大河は魚や草を抱えながら流れ、決して捨て去りはしない。内の習気とは熏習された気分ということで、これは未来の因となる種子のことです。一方、阿頼耶識は心王《しんのう》の一つですが（八識のそれぞれが心王）、心王は必ず個々の心所《しんじょ》（心所有法《うほう》。多彩な心の働きの一つひとつ）と一緒になってはたらくと考えられています。たとえば意識という心王は、時に貪《むさぼ》りや瞋《いか》りなどの心所とともにはたらきます。阿頼耶識は、どんな心王にも必ず一緒にはたらく五つの心所（遍行《へんぎょう》の心所）とのみ相応するのですが、その中の一つが触です。このように、いろいろな意味で阿頼耶識は暴流のようだというのです。

あらゆる識はすべて刹那刹那、生じては滅し生じては滅ししています。とくに阿頼耶識は無始以来、無終に、刹那滅ながら一瞬のすき間もなく相続しているのを、「恒《つね》に転《てん》ずること暴流のごとし」というのです。末那識も一生涯の間は恒に相続します。意識は睡眠時などを除いて基本的に活動しています。前五識は、たとえば味覚などは食べる時にしかはたらいていないように、縁に応じて起きるものです。

我々がどういう行為をするか、その行為がただちに阿頼耶識に刻印されます。煩悩を起こせばそれが阿頼耶識に熏習されるのです。何を思ったのか、どう行為したのか、それが歪められることなく、その通りに情報が蓄えられる、その善・悪の要素が、未来にどこに生まれるかについて影響を及ぼしていくのです。

ですから、仏教の基本的な見方としては、悪の心は起こさないよう、悪の行為はしないように、善の心を起こし、善の行為をするように、ということになるのです。

対象的な分別を超える

「七仏通誡偈《しちぶつつうかいげ》」は、釈尊より前に六人の仏がいて、釈尊を含めて過去七仏が共通に戒めた言葉です。それは、「諸悪莫作《しょあくまくさ》、衆善奉行《しゅぜんぶぎょう》、自浄其意《じじょうごい》、是諸仏教《ぜしょぶっきょう》」、諸々の悪を作ることなかれ、多くの善を行え、自らその意《こころ》を浄めなさい、これ諸仏の教えなり、というものです。まさに悪はなすな、善をなせよ、が諸仏の教え、仏教の基本なのです。

ただ、「いずれの行もおよびがたき身」（『歎異抄』）がどのように救われるのかも切実な問題で、そこで見いだされたのが、仏の大願や阿弥陀仏の大悲ということになります。

では、善とはどういうものなのでしょうか。仏教ではさまざまに説かれていますが、実は興味深いことに、これは善でこれは悪だと分別するあり方を離れるのが善だ、という見方もありえます。善悪にとらわれないのが善だという、逆説的な言い方にもなるのです。

『中論《ちゅうろん》』では冒頭に、八不中道《はっぷちゅうどう》が説かれます。「不生《ふしょう》・不滅《ふめつ》・不常《ふじょう》・不断《ふだん》・不一《ふいつ》・不異《ふい》・不《ふ》来《らい》・不出《ふしゅつ》」、生ずるのでもないし滅するのでもない、常住でもないし断ずるのでもない、同じでもないし異なるのでもない、来るのでもないし出るのでもない。

あらゆる二元対立、対象的な分別を超える、対象的に関わるあり方を超えると言いましょうか、その時に、本来の自己に出会う、真実の自己に出会う。そこに根本的な解決を見ていく、という道があるのです。

「善因楽果・悪因苦果」という行為に関する法則が厳然として存在していることから、善を行うとして、その善の内容を突き詰めてゆくと、意外とそういうところに行き着くということがあります。禅宗には、善を思わず、悪をも思わないときの、あなた自身の本来の面目《めんもく》はどのようなものか、との問いがありました。

現在に立ち尽くす

縁起は仏教の根本原理です。どんなものであれ、他をまって初めて存在し得ているというのが縁起です。ですからそれ自体としての本体はない、ゆえに空《くう》である。縁起のゆえに無《む》自性《じしょう》、無自性のゆえに空である。これは『般若経』などの基本的な教えです。

一方、時間的な縁起を見るものとして、十二縁起の説などがあります。この時間的な縁起に関して、『成唯識論』では阿頼耶識に関する説明の中で、次のような興味深いことを言っています。

前《さき》の因《いん》が滅する位《くらい》に後の果《か》も即《すなわ》ち生ずることは、秤《はかり》の両の頭《はし》の低《うなだ》り昂《あが》る時等《ひと》しきが如《ごと》し。是《かく》の如く因と果との相続すること、流《る》の如し。何ぞ去・来を仮《かり》て方《まさ》に断に非《あら》ずということを成《じょう》ぜむ。

応《まさ》に大乗の縁起の正理《しょうり》を信ずべし。謂《いわ》く、此《こ》の正理は深妙《じんみょう》にして言《ごん》を離れたり。因果等の言は皆《み》な仮て施設《せせつ》せり。現在の法が後のを引く用有《ゆうあ》るを観じて、仮て当果を立てて、対して現の因を説く。現在の法が前《さき》に酬《むくい》る相有るを観じて、仮に曾《ぞう》の因を立てて、対して現の果を説く。仮《け》というは、謂く、現の識が彼に似る相を現ずるぞ。是の如く因果は理趣顕然《りしゅけんねん》なり。二辺を遠離《おんり》して中道に契会《かいえ》せり。諸《もろもろ》の有智《うち》の者の応に順じて修学すべし。

――天秤《てんびん》ばかりは一方が下がると同時に一方が上がる。前の現在が滅すると同時に、次の現在が生まれてくる。私たちのいのちは、刹那滅の中で、まさに現在から現在へと移り行くが、それはこのような構造として説明できる。説一切有部は過去も未来も存在しているから輪廻は説明できるというが、別に過去や未来がなくたって、このように説明できるではないか。

さらに、大乗の縁起に関する正しい道理を理解すべきである。それはすなわち、本当は言葉でも語れないところがあるのであり、縁起や因果は実は仮の設定にすぎない。どうも未来に影響がありそうだということを観察して、仮に未来の結果を立てて、それに対して現在を因と説いている。あるいはいかにも過去があってこの結果があるとみて、その様子を観察して、仮に過去の因を立てて、それに対して現在を結果と説く。こうして因果ということを言っているが、そのすべては仮の設定にすぎないのだ。あくまでも現在しかない、その現在が未来の因の姿を現したり、過去の結果の姿を現したりしている。それが実情なのであって、その上で過去や未来をあれこれ語っている、そこに仮としか言いようのない世界がある。過去があるわけでもないし、未来があるわけでもない。あくまで現在しかない。かつここにおいて、常住でもないし断滅でもない。こうして、現在そのものになり尽くす時、言葉を離れて、二辺を離れることで、中道にかなうことができる。事実はこのようであるのだから、諸の智慧ある者は、これをよく学ぶべきである。――

主体がまさに主体としてはたらく、自己が自己としてはたらく只中に、本来の自己がある。それは対象的に掴《つか》まえられません。『金剛般若経《こんごうはんにゃぎょう》』に「過去心不可得《しんふかとく》、現在心不可得、未来心不可得」という言葉があります。過去は掴まえることができない、未来も掴まえることができない、現在はどうかというと、現在も掴まえることができません。掴まえたらもう過去になってしまいます。ですからただ現在を生きるしかないのです。唯識説はいかにも十二縁起の生死があるかのように説いていましたが、事実はそのすべてが現在の一念に帰着するのでした。

その現在に立ち尽くす。対象的な分別を離れて本来の自己に立ち尽くすところで、あらゆる束縛や拘束を離れて、自由なる真実の自己に立つことが実現する、その時に生死を超えるということになるのではないかと思われます。『成唯識論』の阿頼耶識に関する教説から、以上のようなことを学ぶことができます。

生死輪廻があるかどうかはわかりませんが、重要なのは、今・ここの自己をどう掴むか、それがわかったら、生死を解脱したも同じです。実際、禅などではそのように言います。いずれにしても、唯識の立場からすれば、時間的な縁起とは仮の設定にすぎません。言葉を離れた自己そのもの、そこに本来のいのちがあるということも、複雑で精緻な教えを説く唯識説の中に、実は指摘されているとみることができるのではないでしょうか。

「過去心不可得、現在心不可得、未来心不可得」、自分は自分のものにならない。ただ今のみを生きるしかない。ただ生きるしかない。ただ生きて、そしてただ死ぬ。その中で、生死を解脱するということを探究していただけたらと思います。

8

死者は生きている

——日本仏教の特徴——

峯岸正典

真の宗教者の条件

法要というのは「法の要《かなめ》」と書きます。ここに宗教における理と情のすべてが集約されている、と私は受け止めています。その法要を支えているのは、私たち人間の考え方です。法要のあり方を分析し、それを支えている私たち日本人の考え方に焦点を当ててみたいと思います。

私は曹洞宗の僧侶です。もちろん教義の上からは「無我」ということになりますが、法要のあり方から見ると、あたかも「死者が生きている」ことが前提されているかのように見えます。本日のお話では、こうした問題をご一緒に考え、自分たちの人生を充実させるよすがにできればと願っています。くわえて、長年関わってきた宗教間対話についても触れてみたいと思います。

私はものごころつくまで東京の世田谷に住んでいましたが、小学校一年生の時、群馬の片田舎に後継ぎがいなくて潰れそうなお寺があるということで、曹洞宗の宗務庁に勤めていた父親がそのお寺への引越しを決めました。体の弱い家族だったので、田舎に行けば元気になるのではないかという気持ちもあったようです。

ある時、お寺の集まりで檀家さんから「坊や、大きくなったらお坊さんになって私たちの面倒を見てね」と声をかけられ、私が僧侶になることを期待されていることを知ります。けれどもその後、お寺で暮らしているからといって僧侶になっていいのかどうか悩むことにもなりました。世の中にはいろいろな宗教がある。仏教の人は仏教が正しいと思っているけれども、キリスト教の人も仏教が正しいと思っているのだろうか。いやそうではないだろう。世の中に複数の宗教が存在する中で、それぞれ真理が主張され、所属している教えがいちばん正しいとみんなが思っているのではないかと感じました。

当時は実存主義というのが流行っていました。そして、実存主義のみならず古今東西、さまざまな教えがある中で、この先祖伝来の仏教でいいということに落ち着かないと、安易に僧侶になってはいけないのではないか、とも思いました。さらに、考え方の筋道を誤ってはいけないから、そのためにまず哲学を学ぼうと、思いが進みました。

聞くところによると、哲学とはヨーロッパの文化から出てきている。その文化の根っこには、古代ギリシア風の合理的な考え方（ヘレニズム）と、ユダヤ・キリスト教の宗教的伝統（ヘブライズム）がある。合理的なことは本を読んでも分かるだろう。しかし宗教は本を読んだだけでは間違って理解してしまう危険もあるはずだ。そういう思いから、宗教や哲学をヨーロッパの宣教師が教えているという上智大学に、大学院も含めて都合七年間通いました。

大学で神父さま方と接するうちに、真の宗教者の条件というのが三つあると気がつきました。一つは、《明るい》ということ。暗いというのは、私たち禅宗の言葉で言うと、まだ底が抜けていない状態です。二つ目は、相手が浮かない顔をしているとき、こちらから「どうかしましたか」と声をかける《積極的な優しさ》があるということです。三つ目は、信仰について、《他人には寛容であっても、自分には厳しい》ということです。

卒業するときに、師匠でもある父から、道に親切な人が四国にいるから、その方が指導している修行道場に行くようにと勧められました。行ってから、すぐにわかったことは、《道に親切》ということは《道に厳しい》ということでした。

修行道場へ旅立つ朝、師匠が四つのはなむけの言葉をくださいました。

一つ、修行道場にあっては、先輩の言うことには、どんなに理不尽だと思われても、必ず「はい」と言って言われたとおりに実行するように。

一つ、修行道場にあっては、理屈を言わず、陰口をたたかず、人の悪口を言わないように。

一つ、修行道場にあっては、集団生活だから、泥をかぶらなくてはいけないときもあるかもしれないが、そういうときは進んで潔《いさぎよ》く泥をかぶるように。

一つ、修行道場にあっては、人の見ているところでは一生懸命やり、人の見ていないところでは手を抜くといったことのないように陰に陽に相つとめよ。

このうち、後ろの三つはよくわかりました。しかし一つ目については、ずいぶん妙なことを言うなあと思いました。けれども、後日、気がつきました。宗教というのは、その伝統の流れの中に入って行って、自分の心を開いて、その伝統を受け入れながら、自分が変わっていくという道行きです。だから自分の小さな考えで、ここが良い、ここが悪いと勝手に取捨選択するのではなく、全部まるごといただき、自分が変わっていくということです。そこで信頼できる指導者、「正師《しょうし》」と巡り合うことがきわめて大切になります。

修行道場の老師は誰よりも遅く寝て誰よりも早く起き、坐禅に励む人でした。その生き方をそばで見ていて、お坊さんというのは、お釈迦さまに憧れ、お釈迦さまのように生きたいと願い、その誓いを胸に努力する人のことだと気がつき、僧侶となることに心が落ち着きました。

また老師のお姿から、真の宗教者の条件がもう一つあると気がつきました。それは、《無限の厳しさと無限の優しさを兼ね備えた人》である、ということです。後で冷静になって考えると、二十代から三十代の若者が三十人ぐらいいた修行道場で、老師一人が六十すぎでしたから、体力的にはこちらのほうが圧倒的に強かったはずです。しかし、叱られるときは、本当に怖い老師で、緊張して震え上がる思いがしました。

その一方で、修行道場の中ではすれ違うときに黙ったまま合掌する習慣があるのですが、老師に私たちがたどたどしい合掌をすると、まことに慇懃《おんごん》丁寧で、私たちのすべてを包み込んでくださるようなお拝《はい》が返ってくる、そうしたお姿に、無限の厳しさと無限の優しさということを感じたわけです。

修道士の徳目は禅僧と共通

キリスト教にも立派な人がいて、仏教にも立派な人がいる。あれかこれかという選択を超えて、あれもこれもという立場がなくてはならない。また同時に、先祖伝来のこの仏教でいいというところに落ち着かないと「安心《あんじん》」ということにはなりません。

私は修行道場時代、仏教は人類の叡智が宿っている古き宝だと思いました。ここで、古き宝というのは、ほこりをかぶっている宝という意味であります。何がほこりかというと、言葉です。仏教には長い歴史があって、言葉が古めかしく、難解な専門用語がたくさんあります。まるで職人さんが符丁で話すようなもので、職人同士では伝わりますが、一般の人にはさっぱりわかりません。ですから難しい言葉を今に生きている人たちに理解していただくわかりやすい手立てがなければいけません。

くわえて、仏教を求めているのは日本人ばかりではありません。世界中から教えを求めてくる人がいます。そうした人たちがお師匠さまに質問したとき、文化の違いを超えてお師匠さまがその質問の内容をすぐに理解できるかどうかはわかりません。「この人にはこういう心の背景があって今のような質問が出てきました」と説明できるようになりたい。それにはもっと勉強が必要だと、復学を決意します。

復学した一九七九年に、第一回「東西霊性交流」が開かれました。日本の僧侶がヨーロッパ各地のカトリック修道院で三週間の生活を体験し、最後の一週間はローマに集まって自分たちの体験を分かち合い、当時のローマ法王にお会いしました。この交流は四年に一度、ヨーロッパに行ったり日本の修行道場に来たりを繰り返し、今日まで続けられています。

カトリックの修道院には活動修道院と観想修道院があります。簡略に言えば、活動修道院は社会に出て、社会と関わりながらキリストの教えを広めていこうとする修道会です。観想修道院は一カ所にこもって神を賛美し、自分たちの生き方を深め、社会に感化を与えようとする所です。私がお世話になった聖オッテリエン大修道院は、聖ベネディクトという聖人の教えに基づいて自らを律する観想修道院であると同時に宣教を志す人たちの集まりでした。

修道士は三つの徳目を守ります。一つは服従、イエス・キリストの代わりたる院長の教えに従うということです。アフリカに宣教に行くよう言われたら、一度は断っても良いけれど、もう一度言われたときにはそれに従わなくてはなりません。二つ目は清貧、余分な持ち物を持たないこと。三つ目は貞潔、性的接触を断つ。このような徳目を守るのが修道士です。

聖ベネディクト会にはさらに四番目の徳目があり、定住、つまりこの修道院から一生離れないということです。これは場所としての修道院か、会としての修道院と考えるかの二通りがありますが、この四つの徳目を見た時、あまりにも禅の伝統と似ていることに驚きました。

服従ということに関して言えば、先ほど宗教というのは伝統の流れの中で心を開いて自分が変わっていくものだと申しましたが、お師家《しけ》さま、つまりお師匠さまの言うことにはそのまま従わなければなりません。必要最小限度のものの他は何も持たないという清貧は、修行道場の生活でも同じ方向性を有しています。貞潔は、江戸時代までは浄土真宗以外の僧侶は独身でした。定住は、禅にも「死生叢林《ししょうそうりん》を離れず」、すなわち「死ぬまで修行道場を離れない」という言葉があります。そのように、修道院の中に古き禅の理想が生きていることを、私のみならず、参加者が体感してきました。

同時に、その古き禅の理想と、今の私たち僧侶の一般的な生き方があまりに違うことを改めて思い知らされました。出家とは文字通り家を出ることなのですが、家を継ぐために修行道場に行き、一定の期間を終えると自分の寺に戻ってくる。一時出家主義などと揶揄する場合もあります。しかし、家族でお寺を守っていくというあり方の中に、仏教が社会に溶け込んでいくという特性を見ることも必要でしょう。

教団の求心力と遠心力

さて、こうした問題を意識しながら生きていると、もっと大きな矛盾に気がつきます。それは、宗教そのものに、人を傷つける、あるいは人を区分けする側面がある、ということです。

宗教教団というのは、その教えが一番正しいと思っている人の集まりです。したがって、そこには求心力がはたらきます。求心力がはたらくと、同時に遠心力もはたらくわけで、その教えと違う立場にある人たちを次々とはじいていってしまうという機能があると思います。

ですから、宗教の違いによって困る人が出てきます。決してキリスト教の悪口を言うつもりはないのですが、ある信者さんが教会に行って神父さまや牧師さまの説教を聞き、「最終的にはこの教えでないと救われない」と言われると、自分は洗礼を受けているから良いけれど、洗礼を受けていない自分の家族は救われないのかという問題にぶつかって悩むという場面にも出会いました。こうなると宗教が逆に悩みを与えているということになります。また、こうした態度は仏教にも見られ、中には他宗の僧侶の境内立ち入りを禁じている本山もありました。

さらに、教義について考えてみるとき、教義の場面においては、その宗教を信じる人と信じない人との間には線が引かれ、両者は平等ではありません。つまり、教義が人を切り裂くといった側面も出て参ります。私自身、個々の宗教の教義には共通の分母の上に乗せることができない、「共約不可能性」があると考えてきました。こうした問題を追求していかねばならないという立場から、宗教間対話ということに取り組むようになりました。

ちなみに禅の修行道場ではこう教えます。和という字はノ木偏《のぎ》に口を書きます。ノ木偏は稲の束を表し、その隣に口が開いている。つまり稲を独占しないで、みんなで分け合って食べましょうというのが和の原点だと。たとえて言えば、宴会で大皿に鯛のお刺身が盛られている。おいしそうだと五切れくらいもらおうとしたけれども、遠くを見れば大勢いるので、二切れだけ取って隣に回す。これが遠くを慮《おもんぱか》る、つまり「遠慮」ということになります。同様に、遠くの人に自分の心を至《いた》す、つまり届けて、その人がしてほしいと思うことを感じ取って、その通りにしてあげることを「いたわる」と言います。

では遠くを慮るという時の、遠くとはどこでしょうか。ミャンマーからバングラデシュに逃げているロヒンギャの人たちか、パレスチナの人たちか、シリアの人たちか、あるいは隣のお年寄りか。つまり、遠くというのは距離の問題ではなく、困窮の中にある人に目を向けるということだと私は受け止めています。

次に、正しいという漢字は、一つに止《とど》まると書きます。こっちが正しいあっちが間違っていると言っている間は、まだ本当の正しさに到達していない。みんなが一つにとどまる、一つにまとまることができるということが、本当の意味で正しいということだと、教えていただきました。

ところで、宗教の違いを山と道にたとえると、次のような比喩が浮かんできます。

①頂上への道はこの道しかない。（排他的態度）

②道は幾つもあるけれど、頂上に行くためにはこの道に繋がるより他はない。（包括的態度）

③頂上への道は複数ある。（多元的態度）

④山が一つしか無いのではなくて、山が幾つもある。登っている間はよその景色は見えない。ただ、頂上から見える景色はだいたい似ている。

⑤その山もみんな地球上の山ではないか。

このように一つの答えを出すのは難しい問題です。結論から言いますと、宗教間対話に終わりはありません。なぜなら、気をつけないと、宗教それ自体に、他宗教の信仰者を外延部へとはじき出す力学が働いてしまうので、他者に開かれていないと、みんなで仲良く支え合って生きていきましょうという、宗教の本義と離れてしまう可能性があるからです。

ですから、対話というのは、《挨拶》に等しいものです。《挨拶》とは心を開いて相手に一歩近づくということです。対話も常に相手に近づこうという気持ちがはたらかないと続きません。相手に対する関心がないと、対話は起こり得ないのです。

これを今の言葉で言えば、愛がないと対話が成り立たないということになります。たとえて言うならば、もし誰かを本当に好きになったとしたら、その人のことをもっときちんと知りたいし、自分自身のことも正しく理解してほしいと思う、そこまで行かなければ、真の対話は成り立たないのではないか、とこれまでの経験から私は感じています。

そうしたことを前提に、本日の主題である「死者は生きている」というテーマに進んでいきたいと思います。

葬式の剃髪と懺悔

私が今、肩から斜めに付けているのがお袈裟《けさ》です。これはインドの伝統です。その下に着ている袖の長いころもは、中国の伝統です。さらにその下に着ている白い着物は白衣《はくえ》といい、これは日本の伝統です。

お葬式というのは亡くなった人に、目には見えないけれども白衣ところもとお袈裟を授けて、あの世にお送りする儀式です。死ねば仏という言葉がありますが、曹洞宗の場合で言えば、死ねばお坊さんです。これを専門的には没後作僧《もつごさそう》と言い、葬儀ではお坊さんになる得度《とくど》式が前半につとめられています。そして、その内容は授戒《じゅかい》です。私訳を添えてご紹介したいと思います。

儀式のなかではまず亡くなった方の髪を剃ります。そこで、剃髪《ていはつ》の偈《げ》、浄髪の偈が唱えられます。

流転三界中《るてんさんがいちゅう》：迷いの生死を流転する中において、
恩愛不能断《おんないふのうだん》：世俗への恩愛断つこと難《かた》し、
棄恩入無為《きおんにゅうむい》：世俗への恩愛を断ち、計らいのない世界に入り、
真実報恩者《しんじつほうおんしゃ》：真実の恩に報いんことを。

剃除鬚髪《ていじょしゅほつ》：今まさにこの髪を剃るにあたって、
当願衆生《とうがんしゅじょう》：当《まさ》に願わくは生きとし生ける一切のものと共に、
永離煩悩《ようりぼんのう》：永く煩悩を離れ、
究竟寂滅《くぎょうじゃくめつ》：真実の世界を究《きわ》めんことを。

そうお唱えしながら、髪を剃るかたちをとります。非僧非俗という立場をとる浄土真宗でも得度式（帰敬式）を「おかみそり」と言って、頭に剃刀をあてるしぐさをします。髪は煩

悩の象徴で、愛根を断つ、世俗への未練を無くすために髪を剃るのです。髪は剃ってもまた伸びてきます。同様に煩悩も生きている限りつきまとってくるものですから、禅の修行僧は五日に一度、髪を剃って、出家した時の気持ちを思い起こし、心をリフレッシュするのです。

髪を剃った後は懺悔《さんげ》になります。

我昔所造諸悪業《がしゃくしょぞうしょあくごう》：我昔より作れる諸々の罪咎《とが》は、
皆由無始貪瞋痴《かいゆうむしとんじんち》：皆始まりなき貪《むさぼ》りと瞋《いかり》と痴《おろか》さのゆえに、
従身口意之所生《じゅうしんくいししょしょう》：身と口と心より生ぜしものなり、
一切我今皆懺悔《いっさいがこんかいさんげ》：一切、我、今、懺悔したてまつる。

と懺悔文をお唱えします。生きていれば自然と心に染みが溜まります。その染みをきれいに洗い落とし真っ白にクリーニングして、御《み》仏の教えを受け入れましょうということです。

三帰戒・三聚浄戒・十重禁戒

続いて「三帰戒《さんきかい》」です。

南無帰依仏《なむきえぶつ》：御仏に帰依し奉る、

南無帰依法《なむきえほう》：その御教えに帰依し奉る、
南無帰依僧《なむきえそう》：それを伝うる方々に帰依し奉る、
帰依仏無上尊《きえぶつむじょうそん》：御仏はこの上なき尊き方なれば帰依し奉る、
帰依法離塵尊《きえほうりじんそん》：その御教えは欲から離るる教えなれば帰依し奉る、
帰依僧和合尊《きえそうわごうそん》：それを伝うる方々は心を合わせる友なれば帰依し奉る、
帰依仏竟《きえぶっきょう》：御仏に帰依しおわる、
帰依法竟《きえほうきょう》：その御教えに帰依しおわる、
帰依僧竟《きえそうきょう》：それを伝うる方々に帰依しおわる。

私見では、南無帰依仏は「本当の自分になりたいなぁ」、南無帰依法は「本当のことに即して生きたいなぁ」、南無帰依僧は「みんなと一緒に生きたいなぁ」という気持ちを表していると受け止めています。みんなと一緒にというのは、一人で暮らしてはいけないという意味ではなく、みんなと心がつながり合って生きていきたいということです。

お釈迦さまの時代から今日まで、そして広くスリランカ、タイ、ベトナム、中国などすべての仏教圏では、この三帰戒を三回繰り返すことが仏教徒だという証しになります。

次に「三聚浄戒《さんじゅじょうかい》」です。

①摂律儀戒《しょうりつぎかい》：清らかなる心をもって一切の不善をなすことなかれ、
②摂善法戒《しょうぜんぼうかい》：清らかなる心をもって一切の善行に励むべし、使命に生きる人とならん、
③摂衆生戒《しょうしゅじょうかい》：清らかなる心をもって一切の生きとし生けるものの為につくすべし。

これを誓うと、悪いことができなくなり、善いことをしたくなり、みんなに尽くしたくなる。これが菩薩の心です。

さらに「十重禁戒《じゅうじゅうきんかい》」をいただきます。

①不殺生戒《ふせっしょうかい》：いたずらに生きとし生けるものを殺《あや》めることなかれ、仏種を増長せしむべし、
②不偸盗戒《ふちゅうとうかい》：いたずらに他のものを我がものとすることなかれ、
③不貪婬戒《ふとんいんかい》：身を誤る執着を抱くことなかれ、
④不妄語戒《ふもうごかい》：いつわりの言葉をはくことなかれ、
⑤不酤酒戒《ふこしゅかい》：迷いの思想や酒等を通じて人の心を操ることなかれ、
⑥不説過戒《ふせっかかい》：他の過ちを責め立てることなかれ、
⑦不自讃毀他戒《ふじさんきたかい》：己をほこり、他を傷つけることなかれ、
⑧不慳法財戒《ふけんほうざいかい》：施すことを惜しむことなかれ

⑨不瞋恚戒《ふしんにかい》　…瞋《いかり》に燃えて自らを失うことなかれ、
⑩不謗三宝戒《ふぼうさんぼうかい》　…仏法僧の三宝をそしり不信の念をおこすことなかれ。

不殺生戒は殺してはいけないと書きますが、意味するところは、あらゆるもののなかにある仏心《ほとけごころ》が育つようにつとめなさいという意味です。

五番目の不酤酒戒の酤は、酒を売る、あるいは買うという意味があります。そう説明すると、ウチの商売を邪魔するのかと酒屋さんに怒られることがありますが、それは誤解で、不酤酒戒の意味は、酒等を通じて他者を自分の意のままに操ってはいけない、また操られるような自分であってもいけない、というふうに学んでいます。

戒とは御仏と一つになること

ここまでの三帰戒・三聚浄戒・十重禁戒を合わせて「十六条戒」と言います。これは十六が別々なものなのではなく、一戒光明という言葉で説かれているように、一つのことを別々の角度から説明しているだけのことです。すべては御仏に帰依することから来ていて、南無帰依仏という行いを言葉にすると、十六の戒法に分かれてくるということです。逆に言えば、これらのことにあずかれば、御仏になれるということでもあります。お経では「衆生仏戒を受《う》くれば即《すなわ》ち諸仏の位《くらい》に入《い》る。位大覚《だいがく》に同《おな》じうしおわる。真《まこと》に是《こ》れ諸仏の御子《みこ》なり」（『梵網経』）といわれています。

戒を受ける人は戒体といって戒律と一つになると考えられています。その戒律は仏さまから来ています。仏教学者の由木義文《ゆうきよしふみ》先生のご見解を参考にすれば、戒とは宇宙に遍満する毘《び》盧遮那仏《るしゃなぶつ》の報身《ほうじん》、盧舎那仏《るしゃなぶつ》の禅定《ぜんじょう》が具体化したものであり、戒にあずかるということは、仏さまと一つになることと受け止められています。

しかし、生きている限り、戒は完全には守れません。私たちが食べる食材はみな命ですから、不殺生戒一つ見ても完全には守れないのです。他の命をいただき、他の命を犠牲にしている私たちは、どう生きたらよいのか。一つの答えとしては、自分の行いの中で、自分のために犠牲になった他の命が生かされるような生き方をするということになります。努力目標と言ってしまうと言葉が浅いのですが、戒を誓願として、毎朝誓いを新たにし、「懺悔文」と「三帰戒」を繰り返し唱えることが、私たちの生き方を支えています。

ここまでをまとめますと、お葬式の基本は得度式で、その内実は授戒です。戒を死者に授けるのは、死後に何らかの可変的存在を想定しているということになります。変わらないものなら授戒できません。つまり、私たちの関わりによって、死後も変わり得るものがあることが前提とされて、お葬式が成り立っています。とすると、いわば、生から死への連続性が前提とされてお葬式が成り立っているということになります。それを「死者は生きている」と表現しようとしているわけです。ちなみに、このキーワードは、私の場合、霊元丈法《よしもとじょうほう》老師（宮崎県昌龍寺住職）からご示唆いただいたように記憶しています。

法事は死者の成長の後押し

また、宗教学ではよく紹介されていることですが、法事というのは、人生五十年という感覚で生きていた時代の子どもが生まれ成長する過程と対《つい》になっていると言われています。

初七日　　：　お七夜（命名式）
四十九日忌：　お宮参り
卒哭忌　　：　お食い初め
一周忌　　：　初誕生祝い
三回忌　　：　七五三
七回忌　　：　七五三
十三回忌　：　元服

十七回忌　：　大人・一人前
二十三回忌　：　所帯を持つ
二十七回忌　：　子供の親
三十三回忌　：　社会で押しも押されもせぬ存在

卒哭《そっこく》忌というのは聞きなれないかもしれませんが、百箇《か》日のことです。哭《な》くことを卒《お》えると書きますので、亡くなって百日経ったら涙を流してわんわん泣くことを卒業しましょうという意味です。ということは百日間は思う存分泣いてよいということにもなります。

三回忌と七回忌は七五三です。なぜ七五三のお祝いを丁寧にしてきたかというと、「七つまでは神のうち」で、この世とあの世の境界を行ったり来たりする、それだけ命が安定していなくて、数えで七歳ぐらいになって、やっとたましいがこちら側に落ち着くようになったというお祝いなのです。

三十三歳にもなると、もはや社会の中で安定した地位を獲得しています。三十三回忌は、故人がご先祖さまに昇進する頃だと考えられてきました。今日は孫の受験だからお仏壇にお線香をあげて、「ご先祖さま、どうか孫が実力を発揮できますように」、とお参りすることがあります。これはご先祖さまが生きている人たちを守る力を持っている、あるいはその願いを聞き届ける力を持っていると受け止められてきたからであります。ご先祖さまになるまでは、まだ子孫を守る力が十分には足らないから、早く子々孫々を守ってくれるご先祖になってくださるように、願いをこめて法事で供養してきたのではないかと推測されます。

このように、生きているときの成長と、亡くなってからの成長とが、並行《パラレル》の関係になっています。ということは、供養とは、亡くなった人の成長の後押しだといえると思います。

最良のお供えは自分の生き方

供養にはお供えがともないます。定番としては、香《こう》・華《げ》・灯燭《とうしょく》・湯《とう》・菓《か》・茶《さ》・珍羞《ちんしゅう》・珍膳《ちんぜん》があります。香はお線香の香りです。できれば良い香りのするお線香をお供えしてください。花は仏さまのお慈悲の心を表し、蝋燭の灯火は仏さまの智慧を象徴しています。湯は砂糖湯のことです。昔は甘いものが貴重で、砂糖は六百年前には薬の項目に記載されていました。年配の方はご記憶でしょうが、患者の体力が落ちると、以前はブドウ糖というのを血管に注射しました。砂糖湯にもそういう機能があったのでしょう。お菓子や果物、お茶もまた同様です。珍羞は貴重な食べ物、珍膳は同じく大切に用意されたお食事です。

これらのお供え物はいずれも、亡くなった人の元気が出るようにという願いを込めて供えられます。死んだ人が元気にというのは、まさに「死者は生きている」と受け止めていることの証しだと思います。

法話でもよく使われるお示しですが、親孝行の「孝」という字は、土にノを書いて子と書きます。ノは畑を耕す農具、「鋤《すき》」の字が簡略になったものだそうです。孝の意味の一つは、子が親のために土を掘る、これは埋葬を意味し、手厚く葬ること、仏事を丁寧にすることが孝だということです。もう一つは、土を親が遺した田畑とし、これをより深く耕すという読み解きもあります。親の遺した田畑を財産と置き換えても良いでしょう。

しかし、田畑にしても財産にしても、形あるものは人の手にも渡り得るものですから、はたして親が本当に遺せるものなのかというと、中国の古典には、「虎は死して皮を留《とど》め、人は死して名を留む」（王彦章《おうげんしょう》の言葉。「留め」は「残し」ともいう）という言葉が浮かび上がって参ります。このときの名とは名前ではなく、こういう人だったという、その人の生きざまのことです。親が後ろ姿で見せてくださった生き方を、より深く耕して生きることが、孝の三番目の意味になります。

ですから、最良のお供えは自分の生き方そのものなのです。親という字は「立木を見る」と書き、子の成長を見守るのが親の役目だと一般によく言われています。子が善いことをするとあの世の親は喜び、仏さまの方へ近づいていく足取りが軽くなる。だから自分の生き方がお供えとして大切であると私は学んでいます。

つまり法事の根底には、善根を積むことによって亡き人が浮かばれるという考えがあります。そうした考え、前提を支える、「死後の可変的存在」を古来、日本では「たましい」と呼んできたと私は思います。繰り返しますが、供養するとその結果が亡くなった人に反映されるということは、亡くなった人の、何らかの存在を前提としているということであります。ですから、「たましい」は物ではないけれども生と死の連続性を支えている何かだと言うことができます。これを現代的な表現で言えば「死者の人格」ということになります。

回向文から見た連続性

古来、お経を唱えた後には必ず、回向文《えこうもん》というものが唱えられます。「ただいまお唱えしたお経の功徳《くどく》は、誰々さんに振り向けられたものです」というのが回向文です。一例として、開山歴住諷経《かいさんれきじゅうふぎん》（開山以下歴代の住職を供養する読経）の回向文を紹介します。

仰《あお》ぎ冀《こいねがわ》くは真慈《しんじ》、俯《ふ》して照鑑《しょうかん》を垂《た》れたまえ。上来《じょうらい》、大悲心陀羅尼《だいひしんだらに》を諷誦《ふじゅ》す、集《あつ》むる所《ところ》の殊勲《しゅくん》は、開山某大和尚、二世某大和尚……（以下、歴代住持）、各々《おのおの》大和尚の為《ため》にし奉《たてまつ》り、上《か》み慈恩《じおん》に報《むく》いんことを。因《ちな》みに某大和尚に資薦《しせん》して、品位《ほんい》を増崇《ぞうそう》せんことを。
（大意）「大悲心陀羅尼を読誦した。その功徳は、御《ご》開山大和尚様はじめ二世以下、歴代の方々のために捧げ、その慈しみ深い、大いなるご恩に報いるものであります。なお、それに付け加えて、このお寺に関係ある尊い方々のためにも、この功徳を、めぐらしむけ、仏道修行をさらに、まし・高めるように望むものであります」（櫻井秀雄『修訂曹洞宗回向文講義』曹洞宗宗務庁、一九九七、34〜35頁）

ここに「品位を増崇せんことを」とあります。品位とは遷化《せんげ》したお坊さんの位階を表します。遷化とは、教化《きょうけ》の場所を遷《うつ》すということです。僧侶は亡くなると別の場所でまた仏の教えを説くことを続けると言われています。つまりここでは亡くなったお坊さんがさらにレベルアップするようにと願っているわけです。

功徳とは、私たちが善いことをするとその果報が必ず還ってくるという教えです。ただ、この還り方に三つあります。善いことをして、その果報がすぐに還ってくる、しばらくして還ってくる、遠い将来に還ってくる、この三つです。このいただいた果報を自分ではなく、亡くなった人に振り向ける、それが回向です。振り向けられる果報を功徳と言うわけです。

品位とは「観無量寿経《かんむりょうじゅきょう》」に出てくる言葉です。曹洞宗を開かれた道元禅師は、このお経が説く九品《くほん》往生という考えを持っていなかったと言われていますが、現今の回向の中では上述のように使われています。極楽浄土に往生するのに機根（人の能力や性質）によって九つの段階がある、それが上品上生《じょうぼんじょうしょう》・上品中生《ちゅうしょう》・上品下生《げしょう》・中品上生・中品中生・中品下生・下品《げぼん》上生・下品中生・下品下生の九つです。下品下生は、「五逆十悪《ごぎゃくじゅうあく》という悪い罪を犯した者であるが、念仏の功徳を教えられ、生まれ変わり死に変わりして十二大劫《だいこう》という永い時間をかけて、ついに往生するもの」（櫻井、前掲書、34頁）とされています。

このように「善根→功徳→回向」という流れの中で回向の対象となる存在が死後にあっても想定されています。それを「死者は生きている」と称したいわけです。

今を一生懸命生きる

ここで再度、少しだけですが、極めて個人的な感覚に立ち帰ることをお許しいただきたいと思います。無論「正法眼蔵・現成公案」で道元禅師が表白されている生死に関するある種の「非連続性」を重々承知はしておりますが、私は、死後どうありたいのか、申し添えてみたいと思います。

私の父親である師匠は、私が三十二歳のときに亡くなっています。その父親に私は亡くなってから、あの世で会いたいと切実に願っているのです。そして再会したときに、「良くやってきたね」とほめられたいのです。実は、私は、生前、あまりほめてもらえるようなことがなかったので、あの世でほめてもらいたいという願いがあるのです。そのために、どう生きればよいか、思いをめぐらしているところです。一つの結論は「与えられた課題をこなし、今を一生懸命生きる」ということではないのかというのが、今の自分なりの受け止め方です。

ちなみに、どう生きるかということに関して、アップル創業者のスティーブ・ジョブズは「今日が人生最後の日だとしても、今日する予定のことをしたいと思うか」という問いかけをしています。スティーブ・ジョブズが仏教に帰依していたことは、いろいろなところで論評されています。

また、医師の帯津良一《おびつりょういち》先生は都内の病院に勤務していたときに感じるところがあり、癌で死にゆく人たちを受け入れられる病院として、ご自身で帯津三敬病院を開かれました。帯津先生が酒好きなことはよく知られていて、先生のお部屋にはいろいろな人からプレゼントされた世界中の銘酒が揃っています。先生は、毎朝三時に出勤して仕事をし、午後六時までには終えて病院内の食堂へ行き、今日用意されている夕食が何かを確認して、その料理に合う一番良いお酒を出して晩酌を始めるのだそうです。なぜ一番良いお酒かというと「今日が人生最後の日」と思って毎日を生きている、残しておけば人に飲まれてしまうからというのです。

　このお話も私事で恐縮ですが、何年か前に八十四歳になるお医者さんが亡くなりました。突然だったので内々でお葬式をされました。式が終わり、棺《ひつぎ》の中に花をお供えしていましたら、葬儀場のロビーに喪服を着た人たちが大勢集まり、自分たちにもお別れをさせてくださいと言いました。亡くなった先生の患者さんたちでした。遺族の了承を得て、係の人が花を渡すと、一人の老婦人が杖を突きながら、やっとのことで棺にたどりつき、「先生、長い間お世話になりました。ありがとうございました」と頭を下げ、花を添えました。次に、見た目にはどこが悪いのかもわからないような青年がすたすたと前に出て「先生、長い間お世話になりました。ありがとうございました」とお花を供えました。続いて小学生のお嬢さん、姉妹でしたが、花を供え、おそらく感謝の手紙だと思いますが、封筒を添えて頭を下げました。「先生、お世話になりました、ありがとうございました」という言葉が出るたびに、遺族の方々の目から涙がこぼれ落ちました。

　その時に私は、以前にシスターの渡辺和子《わたなべかずこ》さんから教えていただいた、「人生最後に残るものは、その人が一生かかって集めたものではなく、一生かかって与えたものである」という言葉が腑に落ちたのです。待合室には患者さんが座りやすいソファーを用意し、診療室では患者さんがあまり動かなくていいように設備を整え、暖かさとほどよい湿度を保つ環境を用意して、笑顔とやさしい眼差しと「今日はどうしましたか」の言葉で、患者さんを包み込むようにして長い間診察してきた毎日が、「先生ありがとうございました」という言葉になって還ってきたのだと思います。

私が住職を務めるお寺は弘誓山長楽寺《ぐぜいざんちょうらくじ》といい、英語で言えばロング・ハッピー・テンプルだと冗談をまじえて説明しています。ずっと、長く楽しい、と思ってきたのですが、本当はどうもそうではないらしい。楽の字は祈るという意味もありますから、「皆の幸せを永遠に念じる事を遍く誓う」ということなのではないかと先達から教えていただきました。祈るということも含めて、尽くすということが最終的には自分の幸せに還ってくると学びました

宮澤賢治は「世界がぜんたい幸福にならないうちは個人の幸福はあり得ない」（『農民芸術概論綱要』序論）と書き残しています。他に働きかけなければならない現実と、「本願の中で救われている」という、すでに救いの中にある現実とを見すえながら、《いのち》を燃焼させるのが私たちの使命ではないか、と私は受け止めています。

誰かのためにできること

最後に私にとって大切な一文をご紹介したいと思います。日本経済新聞の文化欄に掲載された記事です。作家の大崎善生《おおさきよしお》さんが、女流棋士であった妻の髙橋和《たかはしやまと》さんと九歳の少年との

交流を記載されています。

髙橋和さんに憧れた少年が髙橋さんに手紙を送るようになってから三カ月間の出来事です。それによると、小児癌で入院している少年が折々に認《したた》めてくる手紙の末尾に必ず「髙橋先生の足が痛くならないようにお祈りしています」と書かれてあったそうです。髙橋さんは子どものころ、交通事故で左足を何度も手術したのだそうです。そのことを知った少年がお見舞いの気持ちを綴っているのです。ある日、少年から来た手紙は、それまでのものと全く異なっていたそうです。まるで殴り書きのように「痛いです。苦しいです」と書かれ、最後にはまた「髙橋先生の足が痛くならないようにお祈りしています」とあったそうです。絶筆となったその手紙には、「いつまでもいつまでもお友達でいて下さい」とも綴られていました。少年は亡くなる前日まで、髙橋さんの足が痛くならないように祈っていたそうです。

この文章の題が「君のためにできること」というものでありました。私たちは、病床にあっても、老いていても、何かができる。同時に、美しい生き方をした人は、桜と同じように、死後もその美しさが遺り、後の人々を引きつける。私はそう考えています。

生と死の連続性に関連して「死者は生きている」というキーワードに即してお話をしてまいりましたが、この少年の祈りは今も私たちの心を揺さぶっている。そういう意味においても、「死者は生きている」と申し添えて締めくくりにしたいと思います。

9

キリスト教における「彼岸」と「此岸」

佐藤 研

死んだら移行する所が天国

このシリーズ講演のテーマである「この世とあの世」を、キリスト教の側から見るとどうなるのかということを中心にお話ししたいと思います。キリスト教の「この世とあの世」という時にまず出てくる問題があります。以下、そのことを略述して、どうしてそういうことになるのかを考え、それをふまえてイエスのことをお話しして結論としたいと思います。

仏教でいう「彼岸《ひがん》」と「此岸《しがん》」というのは、キリスト教ではどうなっているのかを考えてみますと、キリスト教の場合は仏教と違って、空間的な側面と共に時間的な側面があるという点が特徴だと思います。

まず空間的「彼岸」とは、「この世」の上に存在する「かの世」という世界です。いわゆる「天国」というのがそれにあたります。典型的な描写として、オスカー・ワイルドの『幸福な王子』（Wilde, *The Happy Prince*）の末尾を引用します。金箔をはられた像が町の貧しい人たちの暮らしぶりに心を痛めて、自分の金箔を剥いで小鳥に持って行かせて、貧しい人たちに送り届ける話です。

「町中でいちばん尊いものをふたつ持ってきなさい」と神さまが天使の一人に言われました。そこで天使は鉛の心臓と死んだ小鳥を神さまのところに持っていきました。「おまえの選択は正しかった」と神さまは言われました。「天国のわたしの庭で、この小鳥が永遠に歌い続けるようにし、わたしの黄金の町で幸福な王子がわたしを誉めたたえるようにするつもりだから」（西村孝次訳、新潮文庫）。

ここでいう「わたしの庭」「わたしの黄金の町」というのが天国のことで、死後報われるに価する人のための特別な場所です。「天国」はこの世と空間的に同時並行していて、死んだら移行していく所だということです。今のキリスト教徒の多くはこのように考えていると思います。この移行を確実にするのがキリスト教的「信仰」ですので、信仰を固く保っていれば必ず「天国」に行けるという発想です。

これは仏教の中でもとくに浄土教系統の構造とそう変わらないと思います。さらに言えば、こういう形態をとっているのは何もキリスト教と浄土教系の仏教だけでなく、他にもたくさんあります。

キリスト教では一般的に、亡くなることを「帰天《きてん》」（カトリック）あるいは「召天《しょうてん》」などと言います。「帰天」というのは文字通り、もともと天に生きていた存在が命を授かって地上に来て、命を終えて天に帰るということです。「召天」というのは、死んで、天にいる神に召されたから、天国に来ることになったということです。いずれにしても天すなわち天国が場所的に想定されていることがわかります。

世の終わりに到来する天国と地獄

ところが、キリスト教というのは本来、公《おおやけ》には必ずしもこうではないのです。キリスト教の「天国」というのは、元来は空間的だけではなく、何よりも時間的に考えて、この世のいい、終わりにこの世に引き続いて到来する「かの世」なのです。そして、その「かの世」が天国と地獄の二つに分かれることになるのです。

これでは死んだらそのまま天国に移って行けるというのとは話が違ってきます。自分が死んでもまだ世の終わりが来ていないわけですから、そのまま天国に行ける保証はないのです。

その例を二つ見てみます。まず「ニカイヤ・コンスタンチノポリス信条」(Nicea-Constantinopolitanum) です。これは四世紀の終わりごろ、コンスタンチノポリス公会議で採択された教義です。これはいわゆる三位《み》一体を明確に表したものとして有名です（三位とは父なる神、子なる神イエス、そして聖霊です）。これが重要なのは、その後の五世紀中ごろに同じように採決された「カルケドン信条」と合わせて、キリスト教の根幹をなす「信条」だからです。これらはカトリックであれプロテスタントであれ正教会であれ認めている、キリスト教信仰の二本柱なのです。

我らは、全能の父なる唯一の神、天と地、すべて見えるものと見えざるものとの創造者を信ずる。

また、我らは、唯一の主イエス・キリスト、あらゆる代《よ》のさきに御父《おんちち》より生まれ給《たま》える、神の生み給える独りの御子《みこ》、光より出でたる光、真の神より出でたる真の神、生まれ給いて造られず、御父と同質たる御方《おんかた》を信ずる。万物は、主によりて成り、主は我ら人間のため、また我らの救《すくい》のために、天よりくだり、聖霊と処女マリヤとによって肉をとって人となり、ポンテォ・ピラトの時、我らのために十字架につけられ、苦しみを受け、葬られ、聖書に応じて三日目に甦《よみがえ》り、天に昇り、御父の右に坐し、生ける者と死せる者とを審《さば》くために、栄光のうちに再び来り給う。その御国は終ることがない。

また、我らは、聖霊、主となり活かし、御父より出で、御父と御子とともに礼拝せられ崇《あが》められ預言者らを通して語り給う御方を信ずる。

我らは、一つであって聖《きよ》き公同たる使徒的教会を信ずる。我らは罪の赦しのための一つなる洗礼に同意を告白する。我らは、死人の甦りと来るべき代の生命とを待ち望むのである。

この中で、イエスは父なる神の右腕になり、審きのために世の終わりにやってくると言われます。「審く」というのは、ある者は地獄へ、ある者は天国へと送るということです。これとは別に「使徒信条」(Apostolicum)というのがあります。短いこともあって日本のプロテスタントではよく使われていますが、正教会では使っていません。内容は前の「ニカイヤ・コンスタンチノポリス信条」とよく似ています。

我は天地の造り主、全能の父なる神を信ず。
我はその独り子、我らの主、イエス・キリストを信ず。主は聖霊によりてやどり、処女マリヤより生れ、ポンテオ・ピラトのもとに苦しみを受け、十字架につけられ、死にて葬られ、陰府にくだり、三日目に死人のうちよりよみがえり、天に昇り、全能の父なる神の右に坐したまえり、かしこより来たりて、生ける者と死ねる者を審きたまわん。
我は聖霊を信ず、聖なる公同の教会、聖徒の交わり、罪の赦し、身体のよみがえり、永遠の生命を信ず。アーメン。

ここにもイエスが天に昇り、神のそばにいて、そこからやって来て生者と死者を審くということが出てきます。この理解は、実は先ほど言いました「帰天」や「召天」という純粋に空間的な「天国」の受けとめ方とはうまく一致しません。しかし今の教会では両者がごちゃまぜになっています。このような公の「信条」にのみ基づいてお葬式をしたら、死者はどこへ行ったのかと信者から不安や不満が出て、最終的に教会は立ち行かなくなるかも知れません。

それでは、死後のプロセスの、その一致しない両想定の溝を埋めるようなことをキリスト教全体はしてきたのかというと、してきませんでした。なぜかというと、誰かがやれば他の者が反対するからです。これらの信条が出された当時はキリスト教が確立される時ですから、その頃ならばまだできたかも知れません。しかし、だんだんと時が経つほど、一括して何かをやるということができなくなってきます。プロテスタント系の小さい教会などは一国一城の主ですが、キリスト教を全部まとめて変換するなどということはできません。カトリックは巨大船のようなもので、小回りがききませんし、歴史の縛りも強烈です。カトリックの体制に逆らって出て行ったプロテスタントとは、最終的な折り合いが簡単にはつきません。ましてやけんか別れした東方正教会と教義的な話し合いをやろうとしたってまとまるはずがありません。その状態で今に至っているというわけです。

彼岸の二重性の由来

こうした二重性は歴史的にどこから出てきたのでしょうか。

まず空間的彼岸とは、既述のように、死んだら今あるどこか違う所へ行くという発想です。死んだら地獄に行くと教会が説くことは絶対にないですから、ふつう行き先は（願わくは）「天国」である、となります。もっとも、歴史的に見ると、はじめから「天国」が意識されていたのではありません。はじめに出てきたのは「陰府《よみ》（冥府・冥界・黄泉）の世界」の観念です。これはものすごく古くからあり、分かっているだけでも「ウガリット文書」（紀元前一四〇〇～一二〇〇）に死の神「モト」が支配する死者の町が出てきます。これはこの文書に限られたものではなく、古代オリエントに共通する考え方で、それがそのまま古代イスラエル（紀元前一二～六世紀）に入り、さらに初期ユダヤ教（紀元前六世紀末～紀元後一世紀末）、初期キリスト教（紀元後一世紀末～五世紀中半）へと受け継がれてきました。

　陰府の世界は、聖書では次のように表現されています。例えば、「地の深き処」（詩篇63:10, 95:4）。古代人は天と地上があってその下の奥深くに陰府があると考えたのです。そこは、「地の下にある水の中（の世界）」（出エジプト20:4）というように混沌の水の中とも考えられました。あるいは「暗黒」（ヨブ38:17）、「墓」（詩篇88:12）、「滅びの穴」（ヨブ26:6）というような言い方、「口を開けて人を呑み込む」（民数記16:30等）という擬人化した表現もあります。「戻ることのない国」（ヨブ7:9）というのは万人の共通理解でしょう。

面白いのは、死者が「影の如き存在」（詩49:15）となってずっと生き続ける、そういう場所が陰府だという考えです。死者は生気の欠如した存在として（イザヤ14:10）、陰府でなおも「生活」し続けるのです。何とも不気味なイメージです。古代オリエントの世界では、「転生」という東洋の考え方は採用しませんでした。

ですから「自分の父母の墓」（サムエル下19:38）で、「自分の先祖らの許《もと》に集められる」（士師記2:10等）、「自分の先祖らの許に横たわる」（創世記47:30等多数）ことを熱心に所望する伝統が出てくるのです。家族みんな一緒なら寂しくないという、つつましい願いが背後にあるのでしょう。この陰府は、当初は神ですら支配力が及ばない（詩篇6:6等）現実と捉えられていました。要するに、この陰府の世界、死後の世界は、「天国」という救済的発想ではないことが分かります。

黙示思想における変貌

次に、時間的彼岸を見てみます。彼岸というものが、救済的意味を帯び、時間的にやがて到来するものという表象は、初期ユダヤ教の「黙示思想（apocalypticism）」の中で初めて明確に出てきます。黙示思想とは、紀元前三世紀頃から顕著になってくる思想形態で、その構造的特徴は、宇宙的終末論、二元論（時間的・倫理的）、審判の三つです。

「終末論」とは宇宙全体が終わることです。これは仏教にも四劫《しこう》（成《じょう》・住《じゅう》・壊《え》・空《くう》）という考え方がありますが、切迫感が違います。黙示思想では、まもなく全宇宙が終わるというのです。それまでは宇宙が終わるなどとは考えてきませんでした。陰府に行ってもある意味でずっと存在し続けると思っていたのです。

二番目の特徴である「二元論」とは、元になるものが二つあるということです。時間的には、ある時に至ってこの世が決定的に終わりを迎え、かの世が生まれる。まったく異なったものが前後に並んでいて、その転換点がまもなく来るというのです。もう一つの要素は倫理的に、この世には善い者と悪い者がいて、終わりの時に悪い者が滅びて善い者が残る。だからがんばって最後まで善い者として残ろうというわけです。そして、その悪い者を審いて地獄へ送るのが、三つ目の「審判」思想です。いわゆる「最後の審判」の思想の登場です。

黙示思想が出てきた理由は二つの社会的な要因が考えられます。一つは、異邦人支配の強化です。古代イスラエルの北王国が紀元前七二二年にアッシリアに滅ぼされ、南王国も前五八七年に滅んで以来、この地は外国の巨大勢力の支配下に置かれます。一般的な日本人にとっては異国の支配というのがあまりピンときません。でも自分たちの上には何百年もの間常に巨大な外国勢力があり、それに逆らうと命がないというのはやはり異常な状況です。反抗しても全く勝ち目がない、だとしたらこの事態を変えてくれるのは神だと発想するしかないのではないでしょうか。異国民支配の圧力が強いほど、神が最後に鉄槌を食らわしてくれるという希望しかなくなるでしょう。

もう一つは、ユダヤ的伝統宗教の弱体化です。アレキサンドロス大王とその後継者の活躍でギリシア思想が広まり、イスラエルにもギリシア的な生活様式や思考方法が入ってきます。これまでの自分たちの伝統ではだめだと考える者が出てくると、国民の中に分裂が起こります。とくにギリシア思想になびいた人たちが権力と結びつくと、反権力側になる者が出てくる。そうやって分裂するうちに実際にこれまでの伝統が弱まっていくわけです。

黙示思想が盛り上がりを見せるのは紀元前二世紀以降です。それは、偽名文書によるレジスタンス運動として広がっていきます。自分の名を明かさずにやれば危険がない。先ほど申したように、黙示思想には支配する外国勢力をはじめとする敵がいるのです。だから地下に潜って、歴史上の有名な人物の名を借りて、その人が昔このように予言していたというフィクションを作って広めるわけです。

旧約聖書中の「ダニエル書」という文書は、紀元前一六五年頃に書かれた黙示文書です。まもなくどういうことが起こるかを予言するかたちで、最後の審判の場面を導入します。怖ろしい光景です。だから永遠の世界に入れるように、自分の操《みさお》を正しく保て、というわけです。

……なお見ていると、王座が据えられ、日の老いたる者がそこに座した。その衣は雪のように白くその白髪は清らかな羊の毛のようであった。その王座は燃える炎、その車輪は燃える火その前から火の川が流れ出ていた。幾千人が御前に仕え幾万人が御前に立った。裁き主は席に着き巻物が繰り広げられた。さて、その間にもこの角は尊大なことを語り続けていたが、ついにその獣は殺され、死体は破壊されて燃え盛る火に投げ込まれた。他の獣は権力を奪われたが、それぞれの定めの時まで生かしておかれた。夜の幻をなお見ていると、見よ、人の子のような者が天の雲に乗り、日の老いたる者の前に来て、そのもとに進み権威、威光、王権を受けた。諸国、諸族、諸言語の民は皆、彼に仕え彼の支配はとこしえに続きその統治は滅びることがない（ダニエル 7:9-14）。

……その時、大天使長ミカエルが立つ。彼はお前の民の子らを守護する。その時まで、苦難が続く、国が始まって以来、かつてなかったほどの苦難が。しかし、その時には救われるであろう、お前の民、あの書に記された人々は。多くの者が地の塵の中の眠りから目覚める。ある者は永遠の生命に入り、ある者は永久に続く恥と憎悪の的となる。目覚めた人々は大空の光のように輝き、多くの者の救いとなった人々はとこしえに星と輝く（ダニエル 12:1-3）。

陰府が待合室に変貌

そもそも、古くは空間的に地上の世界と陰府の世界しかありませんでした。天もあったのですがあまり重要視されませんでした。そこに黙示思想が出てきて、この世界には時間的に明らかに終わりがあると宣言したのです。これまでの世界は終末を迎えて途切れるのです。そこで登場する「彼岸」の世界が――やがて到来する「天国」として――改めて輝くものになり、同時にこれまでの「陰府」が最後の審判までの中間的場所、いうなれば審判の待合室になるのです。

それまでは陰府でも際限なく存在し続けられたのに、その発想が変貌します。人間は死ぬと「眠り」に就くという考え方に取って替えられます。「眠り」に就いて、最後の審判の時にいやおうなく「目覚めさせられる」、これがそもそも「復活」と言われるものの原初形態です。その後、審判に会って道はどちらか二つに一つ、天国か地獄かに分かれるのです。

紀元前三世紀頃に成立したといわれる「エチオピア語のエノク書」（旧約聖書には収録されていない）の22章には、すでに運命に応じて入る待合室が「四つの空間」のどこかと決まっています。一つ目は、一般人が皆死後に入り、最後の審判を待つ空間です。二つ目は「義人」の空間で、これはいうなればファーストクラスの、天国の待合室です。三つ目は、在世中に裁きに会わなかった罪人たちの空間で、これは地獄の待合室その一です。最後は、札付きの悪人たちの空間で、地獄の待合室その二です。伝統的な陰府が一変し、場合によってはこのように詳しく考えられるようになったのです。

審判の思想の大前提は、先ほども言いましたが、「復活」思想です。復活というと、イエスの輝かしい復活を思い起こしますけれども、実はそれだけではないのです。眠っていた死者が「復活」して並ばされ、はじめて裁かれるのです。

では死んでいない者はどうなのかというと、そのまま並ばされます。死んでいても生きていても、審判を受けるのは同じなのです。死んだ者たちが生きている者たちと同じ立場になるための一つの条件が「復活」なのです。これを普遍的復活といいます。

もっとも、中にはそうでない「復活」もあります。それは復活すること自体が天国に行くことと同義だという捉え方です。いわば特殊的復活です。ダニエル書（12:2-3）などには、その両者が混在して現れます。

地獄に終わりはない

かつては空間的に漠とした表象でしかなかった「天国」も、やがて思弁的に展開されていきます。それまでは神がいるところぐらいの認識しかなかったのが、神・天使・父祖たち（マタイ8:11）のいる超越的空間と見なされるようになります。さらに特別な人たち、今でいうセレブ（？）な人々がいる理想的空間となります。だから当然、自分も行きたいという発想になるわけです。

先ほど黙示文書は偽名で語るという話をしましたが、そういう文書の中で登場させられる、過去の有名人物が、私は天国に行ってきた、天国はこんな素晴らしい所だ、と語り始めます。それを聞いた者は天国に対して夢を膨らませるようになるわけです。

「ヨハネの黙示録」（21-22）に「天のエルサレム」という表現が出てきます。ヨハネの黙示録はキリスト教の新約聖書中に編まれた文書のうちの最終巻ですが、この黙示録を書いた「ヨハネ」という人物は明らかにユダヤ人です。ユダヤ教の黙示思想と深く関わっていましたので、彼が発想するものは必ずしもキリスト教的というわけではなく、ユダヤ教の黙示思想の典型的なイメージを有しています。ですから、「天のエルサレム」などとと表現されたりするわけです。

この天国に相対して出てくるのが、「地獄」（ゲヘナ Gehenna）です。この地獄とは、審判の後に行く、終わりなき処罰の苦しみ、ないし最終的滅亡の場所です。滅亡とは、存在が跡形もなく消されることです。これだけを見ても、仏教の地獄とは基本的に異なることがわかります。仏教の地獄では苦しみはいつか終わって、また次の場所へ行くために出てくることができます。仏教の「無間《むけん》地獄」というのは間断なく、息のつく間もなく苦しみがやってくるという意味ですが、それでもいつか節目が来たら終わります。そこが仏教の不思議な寛大さだと思います。ところがユダヤ教的な「地獄」は永遠に続く苦しみか、あるいは永遠の滅びなのです。終わりがないのです。新約聖書にある例として、次の様な描写があります。

すると、天から火が下って来て、彼らを焼き尽くした。そして彼らを惑わした悪魔は、火と硫黄《いおう》の池に投げ込まれた。そこにはあの獣と偽預言者がいる。そして、この者どもは昼も夜も世々限りなく責めさいなまれる。わたしはまた、大きな白い玉座と、そこに座っておられる方とを見た。天も地も、その御前から逃げて行き、行方が分からなくなった。わたしはまた、死者たちが、大きな者も小さな者も、玉座の前に立っているのを見た。幾つかの書物が開かれたが、もう一つの書物も開かれた。それは命の書である。死者たちは、これらの書物に書かれていることに基づき、彼らの行いに応じて裁かれた。海は、その中にいた死者を外に出した。死と陰府も、その中にいた死者を出し、彼らはそれぞれ自分の行いに応じて裁かれた。死も陰府も火の池に投げ込まれた。この火の池が第二の死である。その名が命の書に記されていない者は、火の池に投げ込まれた（ヨハネの黙示録 20:9b-15）。

陰府には地獄の待合室があると先ほど申しましたが、今度は陰府そのものが地獄化するわけです。死後苦しむ場所としての陰府（ルカ 16:23）となっていくのです。

仏教では閻魔《えんま》さまに舌を引き抜かれるという話があります。でも言い方は悪いですが、所詮その程度（?）でしかないのです。しかも仏教の地獄は個人的であり、宇宙全体が審かれるという発想にはなりません。せいぜい個人の悪しき所業がそこで問われるくらいなものです。ここに発想の大きな違いがあるのでしょう。ユダヤ教では全体的普遍的で、おまけにいったん決まったら終焉することも撤回されることもないのです。

最後の審判者イエス

こうした初期ユダヤ教の黙示思想の枠組みやイメージは、そのまま初期キリスト教に移行されたといって間違いありません。ユダヤ教の考え方を受容したのがキリスト教でした。キリスト教に特徴的なのは、ユダヤ教では神自身や天使等であった最終的審判者が、イエス・キリストになることです。この点の典型的な表現は、システィーナ礼拝堂の中のミケランジェロの「最後の審判」の壁画でしょう。新約聖書のマタイ福音書（25:31-46）にも世の終わりの審判者としてのイエスの姿が描かれています。これがキリスト教のキリスト教たる所以《ゆえん》です。ユダヤ教では神を中心としていたものが、キリスト教ではイエス・キリストが最終審判者になるのです。

しかしこの初期キリスト教の中にはまだ、空間的彼岸観も残存しています。死んだ者は誰でも陰府に行くという考え方がまだ残っています。同時に、陰府は不信仰な者の行くところ（ルカ16:23）という発想も出て来ます。義《ただ》しい者の魂は「永遠の住まい」に行き、「キリストと共に」（2コリ5:8、フィリ1:23）ある、とも言われることとの対極的事態です（この場合のキリストは当然ながら天国にいるわけです）。ユダヤ教になかったものとして、イエスのもとに行き、イエスと共にあり、その救いの交わりの中に入る、それが「天国」の必須要素となって出てきます。そしてこれが後世の、いわゆる（俗的）キリスト教的「天国」観となって展開し、受容されていくのです。

もともと陰府は神さえ介入することのできない所でした。それを訂正するかたちで、キリストが陰府にも力を及ぼし支配するということになります。その典型は、キリストは十字架で殺されて三日目に甦りますが、この間どこにいたのか、その答えの一つとして、殺されて甦るまで陰府の国にいて苦しむ人たちを救っていたのだという話です。これをキリストの「陰府下り」（1ペト3:19ff. 4:6）といいます。キリストは陰府をも支配し、キリストの全能が強調されることになります。これは「イシュタルの冥府下り」や、「オデュッセウスの陰府訪問」といった話と宗教史的にパラレルになっています。

こうしたことがキリスト教の彼岸観の概観です。ご覧のとおり、全てのキリスト教徒に信じられている一律の確固とした内容があるというものではありません。空間的表象の中に時間的表象が組み込まれて枠と化しつつも、かなり変動や多様性があり、いわばいいかげんなところが多々あります。そのいいかげんさを匡《ただ》そうという動きにはなりません。なぜなら匡す人がいないからです。前にも言いましたように、誰かがやれば必ず反対が起こるからできないのです。たとえるなら、紀元後四世紀頃に造られた舟がいまだに浮かんでいて航行しているという状態です。

イエスが説く現在的終末論

今までの話に加えて、今度は歴史上のイエス自身について考えてみます。黙示思想がこの世とあの世を時間的に考えたという発想が出てきました。実は、イエスの場合もこの「将来的終末論」の枠組みを前提としているのです。誰でも時代を支配する考え方に逆行することはそう簡単にはできません。イエスも世の中はまもなく終わるという将来的終末論に基づいて行動していました。けれども今から見れば、これは間違っていました。なぜなら、世の中は終わらなかったからです。しかしイエスは、まもなく世が終わると思わなかったら、あのように思い切った行動には出なかったのではないかと思います。

誰もがイエスの言葉だと認める、最後の食事の時に言い放ったのが次の言葉です。

「アーメン、私はあなたたちに言う、私はもはや葡萄《ぶどう》の木からできたものを飲むことはない、神の王国においてそれを新たに飲む、かの日までは」（マルコ 14:25）。

まもなく神の王国がやってくるので、その日まではもう葡萄酒を飲まない、ということはしばらくお前たちとは食事ができないということです。逆に言うと、まもなくその日が来るので、いったんはできなくなるけれども、またできるようになる、という逆説的な約束の言葉です。こうして最後の食事はしめくくられました。これは世の終末が来るということを前提にしないと言えません。

また、福音書には「神の王国は近づいた」（マルコ 1:15 他）というイエスの言葉があります。

現在完了形なので言葉を補って「神の王国は近づいてしまった」とするとよくわかるかも知れません。終末に向けて私たちが少しずつ近づいていたのが、逆に神の国のほうからぐっと寄ってきたというニュアンスです。

さらに福音書には、次の様な言葉があります。

「もし私が神の指によって悪霊どもを追い出しているのなら、神の王国はあなたたちの上にまさに到来したのだ」（ルカ 11:20 並行）。

当時は、病は悪霊によって起こされるという社会通念がありましたが、イエスはその病を治すという事件が連発しました。それをイエス自身は、最後の審判によって悪霊が滅ぼされるということが今すでに起こっていると理解したのです。これは「現在的終末論」とでも言えるでしょう。終末の事態が現に目の前にあるということです。将来あるべきものが現在すでに起こっている、将来と現在の一如性です。

「さて、ファリサイ人《びと》たちに、いつ神の王国は到来するのかと問われ、彼は彼らに答え、また言った、「神の王国は、窺《うかが》いうるさまで到来することはない。人々が『見よ、ここだ』とか、『あそこだ』などと言うこともない。なぜならば、見よ、神の王国はあなたたちの〔現実の〕只中《ただなか》にあるのだ」」（ルカ 17:20-21）。

この「只中」という表現は、時間的に迫ってきたというよりも、すでに到来していると言い切っています。イエスは哲学者ではなく詩人ですから、心の中に湧き上がってきた言葉をそのまま語ります。細かいところをみれば概念規定ができていないということがあるでしょうが、少なくとも神の王国の現実が目の前にあるという表現をしたことは間違いありません。そういう前提があったからこそ、待望していたものが今日の前にあるという確信とそれに基づく行動になったのでしょう。つまり歴史上のイエスは、「将来的終末論」と「現在的終末論」の両面を持っていると言えるのです。

弟子たちのイエス理解で成立した「キリスト教」

命あるものが死んで陰府に行っても、神の支配は陰府にも及ぶという発想は、実はイエスの中にも確信的に存在します。たとえ陰府に下っても神の完璧な守護があるという信頼です。

「草花がどのように育つか、つぶさに見よ。労することをせず、紡《つむ》ぐこともしない。しかし私はあなたたちに言う、栄華の極みのソロモンですら、これらの草花の一つほどにも装ってはいなかった。もし、今日《きょう》野には生えていても明日は炉に投げ込まれる草をすら、神はこのようにまとわせて下さるのであれば、ましてあなたたちをまとわせて下さるのはなおさらのことであろう、信頼の薄い者らよ」（ルカ12:27-18並行）。

「二羽の雀《すずめ》は一アサリオンで売られているではないか。しかしその中の一羽ですらも、あなたたちの父なしに地上に落ちることはない」（マタイ10:29並行）。

この二つの言葉は同じようなことを言っています。死んだらかわいそうだなという程度の感情ではなく、翌日には炉に投げ込まれる草でも、地上に落ちてしまう雀でも、神が完璧に守っていると思えなければ、この言葉は出ないでしょう。

ところが、キリスト教という宗教は、実はここまで見てきたようなイエスのあり方や考え方とはほぼ無関係に成立しているのです。イエス以後は「イエスの思想」ではなく「弟子たちのイエス理解」が中心となってきたのです。もっと乱暴に言えば、イエスが何を言ったかは関係ないのです。弟子たちがイエスを何者と把握し、信じたかが問題なのです。

具体的にどう理解したかというと、イエスは救世主（メシア）すなわち「キリスト」で、神の特別な独り子であるとされたのです。それが後代さらに展開され、人間とは全く違った存在である三位一体の「子なる神」であるとされました。

これは弟子たちおよび教会がイエスをどう理解したかであって、イエスが人間と世界とをどう理解したかとはほとんど関係ないのです。ここはとても重要なところです。だからキリスト教が成立したのはイエスと同時ではなく、パウロと同時でもなく、イエスが死んで数十年ほど経った紀元一世紀の終わり頃に、「ユダヤ教イエス派」から「キリスト教」へ発展したと理解するのが事態に即しているのです。

言い換えれば、イエスが考えたこともなかったような、イエスから逸脱した展開になって、キリスト教が成立したのです。歴史上のイエスとは関係ない理解の典型は、初期ユダヤ教の黙示思想の影響のもとで展開された「最後の審判者」としてのイエス像です。確かに新約聖書の福音書にも出てくる映像（マタイ25:31-46）なのですが、それはそのままではイエスの言葉ではありません。もう一つは、イエスは排他的な唯一の神の独り子であるという主張です。これも歴史上のイエスの信仰ではないと、新約聖書の研究者は大部分が言うと思います。さらには、イエスは自分を救世主、「メシア」（「キリスト」という語の原へブライ語）だとは理解していなかったでしょう。だから今のキリスト教は、イエスの思想ではなく、弟子たちのイエス理解が創った宗教体系だということを繰り返しておきます。

イエスに戻り、イエスに学べ

最後に、全体への結論的考察を述べて終わります。

「キリスト教」はもう誰かが上に立って直そうとしたって直せるものではありません。歴史的な構築性が強すぎ、容易には変更がきかないのです。そうであるならば、キリスト教にかかわって生きる者は、自覚的にキリスト教を突破してイエス自身に戻るべきではないかと私は思います。キリスト教会がどういうシステムを作ったかに関係なく、草の根的に、イエスに戻るべきです。

イエスに戻るとは具体的にどういうことかというと、まずは現在的終末論と先に述べられた内容、つまり神の王国が目の前に来たという現実把握を真剣に受け止めること。そこには、人は（あるいは信者は）死んだら天国へ行く、などとは言われていなくて、神の王国の現実は目の前にある、私たちは実はその只中に生きている、と言われています。これは確かに現在の通俗的キリスト教からそれますが、大変重要なことです。そしてそれと不可分に結びついていますが、生と死を貫いて神は守ってくれるという彼の確信を正面から受け止めること。いわば生と死において絶対的信頼を持つということです。そして、命を賭けて悪を正す、あくまで非暴力で、相手を滅ぼすということをせず自分で帰結を担うというイエスの生き方を学ぶことです。

しかしイエスには制約もあり、それまで倣《なら》う必要はありません。その一つに、時代的な制約があります。やがて世は終わるといっても、私たちにはそういうかたちで現代を表象することはあり得ないことです。確かにいつかは地球が滅ぶことはあるでしょうが、それは神が斧を入れてすぐさま終わりにするという話ではないはずです。つまり、そのようなイエスの時代的・人間的制限性は越えられるべきだということです。

また、イエスは時に二者択一的な乱暴なことを言います。たとえば岩の上に建てた家と砂の上に建てた家のどちらが頑丈かという喩えで有名な山上の説教は、最後を脅しでまとめるのです。二者択一で何か恐ろしいことを二番目に言って、人を引き付けようとするのは、イエスの得意な話法です。これは一種の煽動的話法で、私たちは真似してはいけないと思います。そういう意味でも、心してイエスに「学ぶ」必要があるのです。

つまりこの方面からすれば、将来のキリスト教は、イエスの在り方の時代を超えた影響力を、現代でも理解できる私たちの言葉に置き換える作業を遂行しなければなりませんが、その作業の際に、イエスの言葉なら何でも絶対ということはなく、むしろある種の発想は危ないと認識したうえで、イエスの言葉を吟味的に理解しなければいけません。これはかなり重要な、しかし非常に難しい作業です。仏教ではどうなのかはわかりませんが、キリスト教ではそうした作業がどうしても必要なのです。

そして、さらに重要な点を述べます。なるほど、イエスはかなり無茶なことを言ったりもするのですが、実はイエスがすごいのは言葉ではないのです。生き方というか死に方というか、そこに現れている胆力ともいうべきものです。この人は悪を強く批判します。だから狙われて殺されたともいえます。もちろん、「正しい者の上にも不利な者の上にも神は太陽を照らしてくださる」（マタイ5:45）という意味では、善悪を超えたところに根源があることは確かなのですが、だからといって何でもいいとは言わないのです。むしろ、悪を批判しながらも暴力は使わず、最後に自分の命を差し出して果てました。イエスのこの到達点は、それ以前の彼自身の二者択一的な言葉や脅迫的言辞などの次元を、大きく越えています。

このイエスの究極の到達点からイエスの全体を吟味して、そこから深く「学ぶ」知恵が必要なのです。「キリスト教」が誕生する前の生々しいイエスに戻り、それに聞き、学び、吟味判断し、さらにはそこから新しいインスピレーションとエネルギーを得るのです。とりわけ、「彼岸」と「天国」という今日のテーマに沿って言えば、苦難に満ちた目前の「此岸」の世界をも、イエスに倣い、実は「彼岸」の現れであり、到来している「天国」であると捉え直すことです。これは、これこれの教義を「信仰」する、というあり方とは決定的に異なって、より困難な、しかしより大切なことです。これが将来のキリスト教の最大の課題であり、また「キリスト教」の新しい定義でもあると思っています。こうした草の根的な神学革命、そして敢えて言えば、第二次宗教改革のようなものが本当は期待されているように思うのです。

10

時間論で考える「往生と成仏」

武田定光

お釈迦さまも祖師も横並び

私は浄土真宗の者で、親鸞の思想によって人生が変わってしまった人間です。本日は『時間論で考える「往生《おうじょう》と成仏《じょうぶつ》」』というテーマでお話ししたいと思います。こうした講演のテーマや、著書の題名は、自分が好き勝手に考えて付けるものでなく、〈いま〉何が問われているのかを感じている時、向こうからやってくるものなのです。お釈迦さまの時代から二千五百年が経って、〈いま〉問われているのは、「往生と成仏」の問題ではないかと直感しました。

この二千五百年というのは人間が作った尺度で考えているわけですが、信仰はそういう時間を一挙に飛び越えます。時間を超越します。言ってみれば二千五百年は「昨日」のことですし、もっと圧縮すれば、宇宙の始まりから終わりまでが、実は一瞬の出来事であるというのが、「宗教的な時間」です。そうするとお釈迦さまは「昨日」さとったようなものなのです。つまり〈現代的〉な問題なのです。

あらゆる仏典をまとめた『大正新脩大蔵経《たいしょうしんしゅうだいぞうきょう》』は全百巻にもなりますが、このすべてをお釈迦さま一人が説いたわけでないことは明らかになっています。後の弟子たち、経典の制作者たちが、仏教の精神はこうじゃないかと考え、お釈迦さまのさとりを想いつつ再表現し、それが伝わってきているわけです。

一方、現代では仏教は宗派別に展開しています。寺檀制度と世襲制によって仏教は堕落し、濁ってしまった、そこでもう一度原点に帰ろうという動きもあります。それも大事なことではありますが、むしろ私は、仏教はその時代に合うように具体化し、現代人にフィットしようとしてきたのだと考えています。まあ抽象的だった仏教がより具体化し、自分たちの身の丈に合う形で表現されたものだと受け止めます。

私の住んでいる近くに荒川《あらかわ》という大きな川が流れています。この川の濁った様子が現代の宗派仏教の姿だと、若い頃には思っていました。けれどもこんな川でも上流に遡ってゆくと、源流にはそのまま飲めるような清い水が湧き出ています。この源流をお釈迦さまだとすれば、河口は確かに濁っているかもしれないけれど、お釈迦さまの一滴がなかったら、この河口も成り立たないのです。流れてくる間にさまざまなものが混入してきますが、この混在した中に源流の水が混じっていないはずがないのです。

現代の仏教がいかにも濁っているように見えるのは、そうやって時代に合わせてさまざまな表現が生まれてきた結果です。それは決してお釈迦さまをないがしろにしているわけではありません。そこにはお釈迦さまをさとらせたはたらきがある、それが「法」です。「法」は時間を超え、地域を超え、民族を超えたものです。その濁流の如き宗派仏教の中に、普遍的な「法」を見出せるかどうかが、一人一人に問われているのです。もはや源流へ戻ることは誰しもできないのです。

仏教というのは通常、縦の流れで説明されます。お釈迦さまがいて、高僧方がいて、さまざまな宗派が生まれ、私たちにまで届いてきたと。しかし私は、仏教というのは横のつながりなのではないかと考えています。「横の仏教」は、お釈迦さまやそのお弟子さんたち、諸先輩方がみな横並びなのです。

「仏道」というと、自分の前に道があるように思いますが、本当は道はないのです。私の歩いた後にしか道はできません。目の前には何があるかと言えば、「阿弥陀さん」しかいないのです。この「阿弥陀さん」とは、お釈迦さまをさとらせたハタラキ、また親鸞に救いを与えたハタラキのことですが、それを親鸞は「阿弥陀」と擬人化して呼んでいます。

歴史の中では、「空」、「縁起」、「無自性《むじしょう》」などさまざまな呼び方がされてきました。「法」が人間を通して現れるときには、それぞれ違った現れ方をするのです。「法」からの距離は誰しもみな平等です。前には道がないのですが、横には先輩としての同伴者がいます。同伴者の残された言葉を頼りに、「法」に向かって、一人一人が道なき道を歩むのです。それが仏教でしょう。もはや誰の真似もできないのです。

時代をくぐって再表現されたさまざまな宗派仏教は、「法」そのものが、各人にピタッと合う表現を求めて生まれてきたのです。それを批判する人たちは、一つの流れに戻れという無茶な要求をするわけですが、それは無理です。私はむしろ、「一人一宗派」というところまで教えが具現化すべきではないかと思うのです。一人ひとりにおいてさとりや救いが再表現される。そうやって新しい仏教表現が生まれてこなければ、仏教は衰退していくでしょう。

登山であれば、頂上への道はさまざまです。どの道を登っても頂上へは着くのだというのは観念で考えているだけです。自分の登ることのできる登山道はたったひとつに違いないのです。

今まではお釈迦さまという権威を頼りにしてきた仏教でした。宗派仏教も宗祖を絶対として立てました。祖師を批判できないのが宗派仏教の悪いところです。誤りがあるというと言い過ぎですが、お釈迦さまも親鸞も道元もイエス・キリストも、まだ発展途上の方だと思うのです。永遠の発展途上なのですから、自分たちの祖師方を絶対化する必要などないのです。

一人ひとりが死を前にしたとき、「なぜ生きるか」が問題になります。これは、お釈迦さまが出家した動機です。自分の内面にお釈迦さまと同質の課題が流れていたのです。この問いに自分がどういう答えを出すか、それ以外に「仏教」はどこにもないのです。

物語で救いを説く

「成仏と往生」について考えるにあたり、この言葉の定義を、『岩波仏教辞典』から引いておきます。まず「成仏」とは、

仏・ブッダとなること。悟りをひらくこと。（略）初期仏典・部派文献では、成仏は実際上、釈尊一人に限定されるのに対し、大乗仏典では、広く衆生一般にも成仏の可能性を認めるという相違がある。（略）特に、浄土真宗では〈往生即《そく》成仏〉、すなわち、往生がそのまま成仏であると考える。

これはあくまでこの辞書を執筆された方の考えですね。次に「往生」は、次のように記されています。

この世の命が終わって、他の世界に生まれることをいうが、浄土思想の発展によって、この穢土《えど》を離れてかの浄土に往き生まれることをいうようになった。（略）法然は「此

を捨て彼に往き蓮華化生する」と解説し、いわゆる〈捨此往彼《しゃしおうひ》〉が往生であるとする。西山浄土宗では、〈即便往生《そくべん》〉と〈当得往生《とうとく》〉の二往生を説き、浄土真宗では、真実報土に往生する〈化生《けしょう》〉と方便化土に往生する〈胎生《たいしょう》〉を説いている。またこの世で往生が定まることを〈即得往生《そくとく》〉、浄土に生まれることを〈難思議往生《なんしぎ》〉という。

まず「成仏」というのは、仏に成ること、真理に目覚めること、さとることです。しかしお釈迦さまは現世でさとったのですが、一般の人間はこの世で成仏するのは無理だと考えられました。インドでは輪廻を繰り返して到達するものであると考えられました。これが東アジアでは現世で到達するものへと変わり、真言密教では「即身成仏《そくしん》」などが説かれます。一方、浄土教では、阿弥陀仏の国へ往生し、そこでさとりをひらくと、二段階で説きました。最終段階のさとり以上に、当面は往生することが浄土教の課題となりました。

親鸞は、「成仏」も語りますが、「成仏」よりも圧倒的に「往生」に比重が置かれます。阿弥陀さまの浄土に往って、そこで修行をしてさとりをひらくというのが浄土教の物語です。この阿弥陀仏信仰というものは、文献研究ではゾロアスター教などの一神教の流れが仏教と融合して生まれたとされています。これは宗教の発展形成史として興味深いと私は思います。

それで私は浄土真宗の所依の経典である『無量寿経《むりょうじゅきょう》』を絶対であるとは考えていません。

もちろん大切なことも書いてありますが、中国思想の影響も多分に受けています。インドからアジア各地を経由する中でさまざまな思想が混じり、モザイクとなって日本に届いているのが浄土経典です。

ここで大切なのは、なぜ仏教に浄土往生というモチーフを持ち込んできたかです。どうもそれは我々人間の実存に起因しているのではないかと思います。これは砂漠で発生した「一神教」を要求した人間の実存と同じです。どうしても、まあ方便としてですが、「絶対なる存在」を人間は要求します。それは、「唯一、このことひとつ」という選択を人間に迫ります。それも敢えて「人格神」としての選択です。これを「物語」として語ってきたのでしょう。この実存のあり方が、「物語」を要求したのです。

浄土教は「この世」でさとりを開くという現世中心の物語から、浄土に往生してさとりをひらくという現世と来世を包む「物語」を説いたのです。この世とあの世とが、ともに「救済の物語」の内部にあるという展開です。「物語性」を現代の精神分析などの分野ではナラティブと言いますね。精神分析も「物語性」を重要視しています。

そういう実存の要求があるために天台宗の内部では「天台浄土教」が生まれて来ざるを得ないし、真言宗の高野山でも浄土思想が説かれるようになってきたのでしょう。それは我々の実存がどうしても「物語」を必要とするからです。人間は生まれて死んでいく、その中で自分はどこに往くのかという人間にとっての根源的な物語性に答えるかたちで、浄土教は出来上がってきたのだと私は思っています。

通時的時間と共時的時間

いま真宗大谷派の中で話題になっているのが小谷信千代《おだにのぶちよ》氏（大谷大学名誉教授）の言説です。小谷氏は《親鸞は往生の時期を臨終時・命終時であると考えていると理解する者である。そう理解することを、本書では「臨終往生説」と呼ぶことにする》（『親鸞の往生回向論』法藏館）としたうえで、近代教学の研究者たちは、往生を《現世で精神的に新たに生まれ変わること》であるとする「現世往生説」で理解していて、これはまったく親鸞の説とは違うと述べられ、物議を醸しています。

たしかに親鸞の表層の表現では「臨終時」に往生すると記しています。ところがその「時」を時間論で解明していくと、通時的時間論ではなく、共時的時間論で述べられているのです。この「時間論」の解明を抜きにして「現世」か「臨終」かと言ってみても、問題の核心には迫れません。

この問題を考えるきっかけを与えてくれたのが安田理深《りじん》先生の言葉です。

未来とは永遠の時間で象徴したものであるから、象徴を象徴として受け取る限り未来往生ということになる。これは間違いではないが、象徴が象徴性を失ったら未来が死後になる。死後の往生になる。未来往生というのはまだ問題ではないが、死後の往生と言ったら間違いである。（『安田理深選集』第一巻、文栄堂）

私はこれに目を開かれました。私は未来往生と死後往生を同じ意味に考えていましたが、安田先生は、死後往生は間違いだが未来往生は間違いではないというのです。この問題を私の言葉にすると、未来往生は共時的時間論のことであり、死後往生は通時的時間論だと決着しました。

通時的時間とは、過去があり現在があり未来がある、昨日があり今日があり明日があるという常識的な時間観です。しかし信仰はこの通時的時間の観念とは異質の共時的時間の観念を開くのです。

信仰的な時間、つまり共時的時間とは何かというと、過去から現在していると同時に未来からも現在している時間のことです。現在とは、永遠の過去からの流れと、永遠の未来からの流れで成り立っているという理解です。図示すると次のようになります。

通時的時間：　↑未来↑現在↑過去↑
共時的時間：　↓当来↓現在↑過去↑

キリスト教などでは「永遠の〈いま〉」などと言いますね。〈いま〉は過ぎていくものではなく、〈いま〉を成就するための過去であり未来であるということです。この時間を開くのが信仰だと私は思っています。

私たちはふつう、通時的時間でものを考えていますし、これが「客観的時間」だと思い込んでいます。ここに往生を持ち込むと、その場合に臨終という時間をどこに設定するかということが問題になります。通時的時間で考える限り、現在から未来を予想して、臨終は何年後かのどこかに設定しなければなりません。ふつうは通時的時間でみんな生きていますから、「臨終往生」の「臨終」を、まあ年をとって老いてから、あるいは何年後の未来に、と無自覚に設定してしまいます。おそらく小谷氏も、そういうふうにイメージされているのではないでしょうか。

しかし親鸞は、《『一切臨終時』というは、極楽をねがうよろずの衆生、いのちおわらんときまで、ということばなり》（『一念多念文意』）と表現します。「いのちおわるとき」ではないことに注意が必要です。「いのちおわらんとき」とはいつなのか、これは未来を包んだ〈いま〉のことではないでしょうか。死の可能性は、誰においても一瞬先です。親鸞は、「臨終」を何年後かの未来に想定してはいなかったと思います。

共時的時間でいえば、臨終とはいつでも〈いま〉に接しています。死の可能性は次の一瞬にしかないからです。

「死」は教育されて知る

この〈いま〉というのが私たちには難しいのです。私たちは時計を持ち、カレンダーを持っていて、時間は人間とは無関係に、客観的に流れているものだとマインドコントロールされています。そんなものをなぜ使うかというと、便利だからです。計れる時間がないと共同生活ができなくなります。計ることで安心し、安定しようという我々の欲求があるのでしょうね。

しかし人間のいのちというのは、計ることができません。十歳で亡くなった子どもと、百歳で亡くなったお爺ちゃんのどちらが尊いかは、計ることができません。計れないもののほうが本当であって、計れることは嘘であるとも言えます。

昨日、新年会の最中に亡くなった六十代の男性のお葬式がありました。親類一同が集まっている時に、まさかそんなことが起こるとは誰も思わなかったでしょう。しかも、お通夜の後で奥さんが犬の散歩をさせている途中に交通事故に遭って入院し、お葬式に出られませんでした。こういう事態をどう受けとめればよいのでしょうか。

人間というのは不条理なことが起こると何か理由を付けようとします。今年は厄年だとか、そういえば供養を怠っていたとか、そういった理由なしに物事を受け入れられないのですね。その「まさか」の時に仏教の「法」との関わりが開かれるかどうかが、〈いま〉問われているのです。

ところで科学評論家の橋元淳一郎氏は、《時計の針が周期的に回転し、太陽が周期的に昇り沈んでいくだけの毎日であれば、そこに存在するのは円環的な時間であり、可逆な時間なのである。そうした周期的な日々歳月にもかかわらず、人が生まれ、そして死んでいくという逆行不可能な日々があるからこそ、われわれは時間が過去から未来へと一方的に流れているると信じるのである》（『時間はどこで生まれるのか』集英社新書）と書いています。私たちに死があることが、通時的時間という観念が生まれる根拠だというのです。それも「と信じる」という表現が面白いですね。彼は時間は、そもそも「客観的」なものではないと考えているからです。

時間を学ぶことと、死を学ぶことは同質なのですね。若いお母さんのお葬式でのことですが、幼い娘さんがまったく悲しそうではないのです。棺に横たわった母親に向かって「バイバイ」と手を振っているのです。これはどういうことなのでしょう。人間がもし本能的に死を悲しいと認識しているなら、親が死ねば涙を流すでしょう。この子にとっては死は「客観的」でも、「物理的」でもないのです。大人へ成長する過程のどこかで教育されることによって、時間を知り死を学ぶのです。

そもそも一人称の死はありません。私たちは死を体験できません。体験できるのは、二人称、三人称の死のみです。つまり他者の死を見て、それを自分に置き換えて「死」をイメージしているのです。ああいうふうにはなりたくないとか、死ぬのは可哀相だと、その考え方を延長すると、自分自身もやがて「可哀相な死体」になるのだと悲観的に受け止めるしかありません。その見方が〈ほんとう〉かと問い返すのが「法」です。

「一世界全人類包摂世界観」を超えて「一人一世界」へ

死を学ぶということは言葉を学ぶということです。言葉を学ぶことで時間を学ぶのです。言葉は線状にしか表現できません。要するに通時的です。言葉によって私たちは自分を理解するのです。客観的な世界というのは、言語を学んだことによって作られる意味空間、幻想領域です。

例えば、自分が死んだ後にもこの世界が間違いなく存在すると私たちは感じています。これは「客観的時間」のほうが絶対だとマインドコントロールされている人の感覚です。本当は、自分が死ぬ時にはこの世界も同時になくなるのです。これが〈ほんとう〉の世界観です。

そう感じられないのは、世界はたった一つで、その中にさまざまな民族がいて私がいると考えるからです。私はこの世界観を「一世界全人類包摂世界観」と呼びます。こう考えると、七十億人もいる人類の中で、たかだか自分一人くらい真面目に生きなくてもいいじゃないかという発想も生まれます。大勢の中に自分がいると考えると、自分の責任というのは相対的に軽くなってしまうのです。

そうでなくて、人が生きるというのは「一人一世界」で生きている。五十人いれば五十の世界がある。この世界は他の人と比べることができない、永遠に固有の領土である。これを仏教は回復したのだと思います。

客観的な世界があって、その中に自分が一人いると考えると、死ぬ時は現世のにぎやかな世界から、自分だけが寂しく暗い世界に旅立つという観念になります。要するに、生きているのが幸せ、死ぬのは不幸だという価値観が、自分の死を絶望感で受け止めてしまうのです。

「一人一世界」が〈ほんとう〉だと気づけば、「一世界全人類包摂世界観」を超えられます。「一人一世界」は、私一人を支え成り立たせてくれるかけがえのない世界です。独我論とは違います。〈ほんとう〉は「私」などという実体はどこにもなく、世界全体が関係性の網の目で出来上がっているだけです。ただそれを統一的に眺める視座を、仮に「私」として得ただけのことです。これが、神話的に語られますけど釈尊の「天上天下唯我独尊」という視座だと思っています。

世界が一つでその中にたくさんの人が生きているというのは、便利な考え方だから仮にそう考えているのです。いのちの長さも重さも一切計れないというのが、〈ほんとう〉の世界だろうと思います。そういう世界を親鸞は、「浄土」とか「阿弥陀さまの国」という象徴的な言葉で語ろうとしたのだと思います。

親鸞と道元は紙の裏表

道元という人も親鸞と同じ課題を抱えて生きました。共通しているのは〈いま〉という時間の捉え方です。道元は「修証一等《しゅしょういっとう》」と言い、親鸞は「現生正定聚《げんしょうしょうじょうじゅ》」と言いました。「法」に出遇う条件を、道元は坐禅（行為）に、親鸞は南無阿弥陀仏（言葉）としました。

道元の場合の坐禅（行為）は、何かの目的のために坐禅するわけではありません。坐禅することと、そのこと自体が目的なのです。そして、お寺の中で掃除をすることもご飯を食べることもすべてが坐禅であると受け取ります。

これは親鸞も同じです。生活そのものが仏法だと考えます。ですから、坐禅という行為を条件にしません。南無阿弥陀仏と口に出す行為（称名《しょうみょう》）すら条件にしません。それすらも破ってしまい、救いの条件を極限まで引き下げて無条件にしました。修行は若い人にはできても、年をとってベッドで寝ている人には無理でしょう。できない人がいてはさとりや救いの普遍妥当性——これを「誰でも性」と私は呼んでいます——から外れてしまいます。親鸞の師の法然は称名念仏という行為に限定しました。それさえもできない人を救うために、親鸞は南無阿弥陀仏という言葉を最終的な拠りどころにしました。それも人間に「称《とな》えよ」という阿弥陀さんからの命令の言葉と受け止めました。

道元は時間の問題を「有時《うじ》」という言葉で語ります。「有時」はふつうに読めば「あるとき」ですが、道元は「有時」という熟語で、仏法の時間は通時的な時間ではないことを語ります。「久遠《くおん》と今時《こんじ》」、「永遠と〈いま〉」とが一つである、こういう時間を開くのが行だというのです。

道元の『正法眼蔵』（生死の巻）について西有穆山《にしありぼくざん》氏（幕末から明治期の曹洞宗僧侶）の面白

い話がありましたので引用します。

「ただわが身をも心をも、はなちわすれて、仏のいへになげいれて」。ここらはどうも真宗の安心とよく似ている。これは親鸞が浜子《（ママ）》で開山に相見して法をきかれ、そのとき開山が手ずから払子《ほっす》を上人に贈られたことがある。そこでこの御巻は親鸞に書いてやらしたものだというが、この安心のしかたでそれが知れる。「わが身をも心をも」。自分了見はみんな捨ててしまって仏の家に――真宗なら南無阿弥陀仏、禅宗なら南無帰依仏というように、仏の方へ身も心も打任せる。そこで身心ともに自己がなくなるから、今度は仏の方から行なわれることになる、この身が仏法で行なわれるようになる。

（『正法眼蔵啓迪』下、大法輪閣）

東京・上野にある真宗大谷派の坂東報恩寺《ばんどうほうおんじ》は故坂東性純《しょうじゅん》先生が住職をされていたお寺ですが、ここにある親鸞の坐像が払子を持っていて、この払子は道元禅師からいただいたものだと坂東先生からお聞きしました。その時は、ちょっと眉唾な話だなと思っていたのですが、こうして曹洞宗の側からの伝承もあることをこのたび知りました。

あらためて伝記などを調べると、親鸞（八十歳頃）は京都の五条西洞院のあたりに住んでいました。そして最晩年の道元（五十三歳）が高辻西洞院で病気療養をされていたことがわかりました。その距離は四百メートルほどのご近所ですから、宗教者同士で話をする機会もあったかもしれない。どこまでが史実かはわかりませんが、その時に禅師が「我が意を得たり」と親鸞に払子を贈られた気持ちがわかったように思いました。

親鸞と道元、二人の宗旨は違いますが、肝胆相照らすと言いましょうか、〈ほんとう〉のことは宗派などを超えて、共感共鳴されるものです。これは決して道元が真宗を認めたとか、親鸞が曹洞宗に理解を示したというような話ではありません。最初に述べました横並びの関係で、親鸞も道元も「法」に照らされた時に共感共鳴され、払子の授受が起こったのではないでしょうか。

登る山は一つであっても、私は坐禅で行く、私は念仏で行くと、それぞれに道は違います。違っていても共鳴が成り立つのです。「仏のいへになげいれて」と道元は「仏」と表現したものを、親鸞は「阿弥陀」と受け取ったのでしょう。「法」というものは最終的に擬人化しないと人間の中の物語性が納得しないのでしょう。「法」を擬人化した時に仏となり阿弥陀となるのです。

往生したからこそ、往生していない〈いま〉を生きられる

親鸞は「往生」について、人間の思いを否定するような厳しい表現もします。

（断四流《だんしる》の）「断」と言うは、往相の一心を発起するがゆえに、生として当《まさ》に受くべき生なし。趣《しゅ》としてまた到るべき趣なし。すでに六趣・四生、因亡じ果滅す。かるがゆえにすなわち頓《とん》に三有《さんぬ》の生死を断絶す。かるがゆえに「断」と曰《い》うなり。（『教行信証』信巻）

往生は「生として当に受くべき生なし」で、これは生まれ変わってどこかのユートピアに行くという話ではないということです。また地獄・餓鬼・畜生・修羅・人・天という六道（六趣）の世界や、死んでからさまざまな生命（四生）を得るという話でもない。人間の考える往生を、迷いとして徹底して断ずるのです。

ただし浄土へ往ってさとりを開くという物語は、ちゃんと底辺に敷いてあります。

「浄土真宗には、今生に本願を信じて、かの土にしてさとりをばひらくとならいそうろ

うぞ」とこそ、故聖人のおおせにはそうらいしか。

（『歎異抄』第十五条）

「今生で本願を信じて、かの土で悟りを開く」というように段階論で「往生」を説くのです。段階論というのは通時的な表現ですね。〈いま〉ではなく「かの土」です。人間が〈いま〉と言ってしまうと、それは必ず過去のことになってしまいます。いまここで、口で「いま！」と言ってみてください。もうそれは過去のことになっていませんか。人間にとっての〈いま〉は、必ず過去に飲み込まれますから、「いま悟りを開いた」とは言わせません。それが過去のことになれば、もはや求道がそこで停まってしまいますからね。

ですから、ある時点で停まってしまうような「さとり」は〈ほんとう〉の「さとり」ではないという批判が親鸞の中にあるのです。「往生した」とか「さとった」と過去形で語ることを拒絶するのです。それを「かの土」という未来形で語るのです。ただその「かの土」とは、先程も言いました「臨終」のことですから、次の一瞬のことです。〈いま〉と切り離された「かの土」ではなく、〈いま〉と密接に関係している「かの土」です。

誤解を恐れずに言えば、もはや「往生」や「さとり」と同質の〈いま〉です。もっと言えば、「もう往生した〈いま〉」ですし「さとりを開いた〈いま〉」と同質です。「もう往生した」、「さとりを開いた」からこそ、「往生していない〈いま〉」、「さとりを開いていない〈いま〉」へと帰ることができるのです。

その〈いま〉は「物理的な現在」ではなく、如来回向《にょらいえこう》としていただく本願成就の〈いま〉です。この如来回向の〈いま〉があるから、《なごりおしくおもえども、娑婆の縁つきて、ちからなくしておわるときに、かの土へはまいるべきなり》（『歎異抄』第九条）というファンタジーを自由に生きられるのです。

私は親鸞と道元に共鳴しています。二人は紙の裏表のようです。道元は「仏教」の条件を坐禅という行に限定したのでまだ安全です。しかし親鸞は完全にそれを取っ払ってしまい無条件化したのです。言ってみればとても危険な劇薬を解放したのです。けれども〈ほんとう〉を突き詰めた親鸞だからこそ行き着いた地平なのだろうと思います。

親鸞の真似をする必要はありません。あくまで参考意見です。私の話も問題提起に過ぎません。これが結論ではありませんから、自分自身が法と対話して、皆さまが「一人一世界」を表現していって下されればと思います。

11

霊魂論の現在まで

竹内整一

わからない人と生きていく

私の専門は倫理学で、とくに日本人の倫理思想について研究しています。倫理学とは、いってしまえば、人と人との関わりの何たるかを考える学問です。

たとえば、私と私の女房の関わりについていえば、目の前にいるこの女は何なのか、すでに四十数年も一緒に暮らしていて、いろいろ承知しているようでいて、なおよくわからないところがたくさんあります。日本の昔話には、なじみの女房が鶴だったとか狐だったとかいう話もたくさんあります。この目の前の女のことはだいたいわかるなどと思ったら、もうその人は、もう自分にとっては生きた存在ではなくなっています。そこには、考えるべき倫理というものはなくなってしまいます。

「わからない」ということは、必ずしも否定的な意味ではありません。そういうわからない人と共に生きていくところに難しさも面白さもあり、そこに倫理が求められるわけです。そのわからなさはどこから来るのか、単なるルールとして考えられた倫理学では解けない問題がそこにはあります。

十数年前に仏教学者の末木文美士《すえきふみひこ》さんが『仏教 VS. 倫理』（ちくま新書、のちに改題『反・

仏教学』ちくま学芸文庫）という刺激的な、というか、挑発的なご本を出されました。この本は、仏教と倫理は違う、倫理ごときはせいぜい人間の間のルール・モラルを扱っているだけで、仏教あるいは宗教というのはもっと深いブラックボックスの問題を含めて人間や世界を考えているのだという趣旨のものでした。

末木さんとは、この本が出たときにシンポジウムで議論しましたが、私はむしろ末木さんの主張と重なるかたちで、まさに目の前の女房こそがブラックボックスを背負っているのであって、そうした存在との関係を考えることが倫理学なのだ、と申し上げました。

とりわけ日本の思想でいえば、あらためて「VS.」ではなく、仏教とともに倫理学を考えざるをえないということです。今日もそういう立場からお話をしたいと思います。

死への関心、その濃淡のさまざま

最近、「直葬」という言葉をよく聞きます。人が亡くなった後に通夜や告別式といった儀式を行わず、火葬のみで死者を見送る仕方です。最近のＮＨＫの調査では、関西ではそれほど広まっていないようですが、東京を中心とする首都圏では二十数％、ですから四、五件のうちの一件が「直葬」だという数字が出ています。また「直葬」とまでいかなくても、「密葬」「家族葬」として限定された者だけで閉じられたかたちの葬儀を執り行う例も、顕著に目立ってきています。

かと思うと、十年ほど前に『おくりびと』という映画が公開され、ヒットしました。日本の納棺師《のうかんし》がこまやかな配慮で遺体を扱う様子が海外でも話題となり、アカデミー賞の外国語映画賞も受賞しました。この作品は主演の本木雅弘《もときまさひろ》さんが、『納棺夫日記』を書いた青木新《あおきしん》門《もん》さんに個人的にお願いして企画されたものと聞いています。

しかし、あるシンポジウムで青木さんとご一緒したときにうかがった話では、青木さんは最終的に『おくりびと』の原作者としてクレジットされることを拒否されたそうです。なぜならこの映画にはお坊さんが出てこないし、死の「向こう側」の世界との関わりを一切描いていない、したがってこれは自分の考えているものと基本的にちがうから、ということでした。浄土真宗の熱心な信者である青木さんの葬式のイメージとは、まったくちがうものだ、と。

こうした「直葬」や『おくりびと』など、死や死者をめぐる関心のありかたが、このところ、濃淡さまざまに動き始めていると感じています。今言いましたシンポジウムも、宗教学の島薗進《しまぞのすすむ》さん（現上智大学グリーフケア研究所所長）らと始めた「死生学《しせいがく》」という新しい学問を立ち上げるプロジェクトでのものでした。

この「死生学」の研究会で、東大病院の緩和ケアの岩瀬哲《いわせさとる》さんが、こういうことを言っていました。

――自分はすでに二千人以上の患者さんを送ってきたが、最期の場面での患者さんや看取る方たちの様子を見ていて、死生観の有無は大きいと思った。死生観をもっているか、どうか、それはどんな高尚なものでも幼稚なものであっても、ともあれ、自分なりの死生観をもっているか、どうかが、最期の臨床においての態度やふるまいに大きな差がでてくる、と。

われわれは、自分自身の死であれ、看取る人の死であれ、それぞれその時点での死生観で思い描いた「死」を死んでいくか、あるいは看取る以外にありません。ということであれば、あらためてこの指摘は、きわめて大事なことのように思います。

死生観、つまり死んでいくとはどういうことなのかという見方・考え方は、最終的に不可知なものへの心構えです。ですから、なかなか持てないものです。私自身もきちっとした死生観を持っているとは言えません。いま、「たましい」論を書いているのですが、私自身が「たましい」、霊魂というものがよくわかっているわけではありません。わからないままに、そのブラックボックスを背負いながら、ともあれ一緒に考えていただきたいと思ってまいりました。

「あの世」を信じる人が四割

統計数理研究所というところが日本人の国民性を数年ごとに調査しています。調査の項目の一つに、「あの世」を《信じる》か、《信じない》か、というのがあります。一九五八年から二〇〇八年までの半世紀の間に、「あの世」を《信じる》という人の割合は、二十％から三十八％に、およそ倍増しています。《信じない》という人は、五十九％から三十三％に半減、《どちらとも決めかねる》という人が十二％から二十三％に増えています。ちなみに二〇一三年の統計も出ていて、まだ細かい分析をしていないのですが、《信じる》人は四十％、《信じない》人が三十三％、《どちらとも決めかねる》が十九％で、同じ傾向が続いています。

また、とくに注目されるのは、若者、とくに二十代で「あの世」を《信じる》と答えたのが二〇〇八年で四十九％、つまり二十代の若者の二人に一人は「あの世」を信じているということです。同じ二十代の半世紀前の《信じる》は十三％でしたから、相当な増え方です。

ここでは踏み込みませんが、こうしたことの思想背景には何があるのかは、それこそさまざまな観点を含めて総合的に考える必要のある大きな思想課題のように思います。

また、これとは別の調査で、国際社会調査プログラム（ＩＳＳＰ）が二〇〇八年に行った国際的な「死後のイメージ」の統計があります。そこでは、「祖先の霊的な力」が《絶対にある》と答えた人と《多分ある》と答えた人の合計は、日本人の場合は六十二・三％でした。「祖先の霊的な力」というのは、残された生者は死者を祖先として、葬儀や法要をしたり、お墓や仏壇に手を合わせる、そして、死者の祖先はその残された生者を見守ってくれる、というような枠組みの中で、死者、死後をイメージしているということです。日本は調査した四十カ国の中で台湾、南アフリカ、トルコに次いで四番目に高い数値です。

ちなみにアメリカは約三十二％、フランスとドイツが約二十％です。同じ調査で「死後の世界」が《絶対にある》《多分ある》と答えた日本人は四十三・九％で、先ほどの統計数理研究所の調査と同様の数値となっています。

祖先の霊的な力の中で死んでいくという日本人が六割を超えているというのは大事なポイントです。もちろん死後世界があるとか祖先の霊的な力があるというのと、「たましい」、霊魂があるということとは、そのまま同じではありません。しかし死後世界があるとイメージしたときには、当然そこに行く何ものかがいることになります。それをとりあえず、「たましい」、霊魂と呼んでもよいかと思います。

霊魂があるかないかではない

あらためて、「たましい」がある、霊魂がある、という問題を、思想としてあるいは学問としてどう考えたらいいのでしょう。実はこれは時代や場所を問わず考えられてきたことで、その根は相当深いところにあります。現代ではどうしても、科学的、客観的なという含意での知性的、理性的な考え方が重視されますが、どうしても、そういう問い方では問いきれない問題です。

たとえば、作家の保坂和志《ほさかかずし》さんの、このような言い方。

私は科学的な立場から魂を「ない」という人と対話をしても不毛としか思わないし、魂が「ある」という人とも対話したいと思わない。私はペチャの死がいよいよ避けられなくなった、死の三日ぐらい前にペチャの魂を感じて、それから死んだあと一週間ぐらいありありと感じることができたが、すぐにその感じは遠ざかっていった。（「寝言戯言」）

飼い猫の死に際しての思いです。私も二十年いっしょに生きた愛猫に死なれたことがあります。その思いは必ずしも同じではありませんが、この文章の言っていることはよくわかります。それは客観的にあるかないかというより、個別具体に感じるか、感じないか、なのだろうと思います。そのことをどう思想の言葉にできるかということです。

曹洞宗の僧侶、南直哉《みなみじきさい》さんが、みずから院代（住職代理）を務める恐山《おそれざん》の菩提寺《ぼだいじ》に関してこのように述べています。

霊魂があるかない、ではない。イタコが厳然と存在し、亡くなったお父さん、お母さん、あるいは早世した息子や娘にまつわる、行き場のない揺らめきうごめく感情のリアリティが満ちている。恐山は、感情や感性の揺らぎを、揺らいだままに受け入れてくれる場所だ。

（南直哉『賭ける仏教』）

南さんは僧侶として、霊魂が存在するという根拠はなく、自分もそういう立場はとらないとはっきり言い切っています。しかし恐山のお寺の院代であればそういう主張とは別の立場で問題を考えざるを得ない、古今東西これだけ霊魂という問題にこだわってきたのは事実であり、恐山で霊魂を前提とした相談を受ければ、それにはそれなりの対応がある、と言っています。

問題はここで言う〝リアリティ〟です。まさにそれがリアルなものとして実在するという意味です。霊魂が実在するというのは必ずしも科学的・客観的にみて、たとえば形があり重さがあるというような意味での実在のことではなく、むしろ心に動かしようもないリアルな感情や感性の揺らぎをもって、霊魂を感じ、畏れ、語ってきたことが大事なのだと、南さんは考えているわけです。

現代人の「不真面目な態度」

小林秀雄《こばやしひでお》は、霊魂の実在性《リアリティ》について、自分は母親が亡くなったとき、蛍になって飛んでいたのをはっきりと見た、それは直接のリアルな体験で事実なのだが、現代人はそういう当たり前のことを当たり前とはうけとれなくなってしまった、と嘆いています（『感想』）。同じ趣旨のことを、『信じることと知ること』という講演の中で小林は、民俗学者の柳田《やなぎた》国男《くにお》『妖怪談義』から、こんな話を引いています。

――最近はオバケの話もできなくなってしまった。それは聞き手の態度が悪くなってきたからで、その「最も通例の受返事は、一応にやりと笑つてから、全体オバケといふものは有るもので御座りませうか」といったような対応の仕方しかできない人が多くなってきたからである、と。

小林秀雄は、こういう態度こそ現代人のとっている非常に不真面目な態度なのだ、本来最も大切な生活上の具体的な経験というものに目を閉じている、と批判しています。

そして、『妖怪談義』の最後の文章、「オバケが無いにも有るにもそんな事は実はもう問題では無い。我々はオバケはどうでも居ると思つた人が、昔は大いに有り、今でも少しはある理由が、判らないで困つて居るだけである」を引いて、必ずしも客観的・合理的ではない日常の具体的生活のリアルな経験や事実とは何か、という問題を論じています。

このオバケの話は、霊魂の話と重なります。問題は、霊魂があるかないかという客観的な問いではなくて、「霊魂はあると思った人が昔は大いにあり、今でも少しはある」理由は何なのかを問おうとしているということです。

柳田国男は、戦後間もなく書いた文章でこう言っています。


かつては常人が口にすることをさえ畏れていた死後の世界、霊魂は有るのか無いのかの疑問、さては生者のこれに対する心の奥の感じと考え方等々、おおよそ国民の意思と愛情とを、縦に百代にわたって繋ぎ合わせていた糸筋のようなものが、突如としてすべて人生の表層に顕《あらわ》れ来ったのを、じっと見守っていた人もこの読者の間には多いのである。

私はそれがこの書に対する関心の端緒となることを、心ひそかに期待している。

（柳田国男『先祖の話』）

昭和二十年十月二十二日の日付を持つ文章で、敗戦を迎えて何百万人という生命を失い、生き残った我々が生きていくための制度・法律、とくに家の問題をめぐっての民法をどうしたらいいか、という柳田の危機感がよく現れています。

いちばん身近な共同体としての家をどうしたらいいか考えることは、否応なしに霊魂の問題、それに対する生者の心の奥の考え方が試される、それは「百代にわたって」流れてきている問題なのだから、そのことにきちんと向かい合わなくてはならない、と言っています。

そして、こう続けています。

……決して今後もまた引き続いて、そういう物の見方をなさいという、勧告ではないことは言うに及ぶまい。ただ我々が百千年の久しきにわたって、積み重ねて来たところの経歴というものを、まるまるその痕《あと》もないよその国々と、同一視することは許されないのみならず、現にこれからさきの法案を決定するに当たっても、やはり多数のそういった人たちを相手に、成程そうだという所まで、対談しなければすまされぬのである。……

…国民をそれぞれに賢明ならしめる道は、学問より他にないということまでは、考えていない者が政治家の中には多い。自分はそれを主張しようとするのである。（同）

やまと言葉の「あらためる」という言葉は、「新しくする」ということと同時に、「古いことを調べる」という意味があります。「財布の中身を検《あらた》める」というのは、べつに新しくするわけではなく、財布の中にどれだけお金があるのか調べることです。そのことによって今、何ができるのか、何ができないのかを考えることができるわけです。

「あらためる」ということは、必ずやこれまでのことを調べること抜きにはあり得ないのに、近代以降、日本の政府はそれを見ずにやってきた。とくに家というものをどうするかを考えるのに、これまでどうだったかを考えずに外国のやり方をまるまる導入するというのはだめだし、だからといって昔のままでよいわけではない。それを踏まえて「あらためる」必要がある、ということです。

将棋の羽生善治《はぶよしはる》さんが、「長考」のときに何を考えているのかという質問に対して、自分が初手からどう指してきたかをずっとふり返っていると答えていました。つまり、この後こう指せばこう来るということももちろん考えるでしょうが、現在の局面に至るまでどういう道筋でそうなったかを追いかけることが、次の一手につながるというわけです。

これまでがどうであったか、今がどうであるか、を抜きに、簡単に新しいことを始めようとするのはあぶない。柳田の言う「あらためる」とはそういうことだろうと思います。

霊魂の実在を認めている証拠

さて、そうした家をどうしたらいいかを考えるときに、大事な主題として、霊魂の問題をどう考えたらいいのかが浮上してきます。家を支えてきたのが、縦筋としての祖先の霊魂だったからです。くりかえしておきますと、そこでは、霊魂は物理的にあるかないのかが問題なのではなく、家をつなげる家族成員におけるリアリティの歴史こそが問題になるということです。

もう一例だけ引いて確認しておきますと、家族における霊魂のリアリティとは、こう語られるものでもあります。柳田の助手で女婿《むすめむこ》でもあった宗教民俗学者の堀一郎《ほりいちろう》の文章です。

実際に柳田は霊魂と、霊力の存在を信じていた。「私は神や霊魂の存在は信じません。しかしそれを信じている多くの人々のいることは事実ですし、その事実は重要なものとして尊重しております」、という筆者の言葉に、柳田はちょっと甘酸っぱい、にがい顔をしたが、「だって君は、亡くなったおとっつぁんに、毎朝煙草をあげているというじゃないか。一体君は亡くなった人の何に向って煙草をあげているのかね」、と私の痛いところをついてきた。「それは父親が好きだったし、子供のときから祖母や母にやらされて、まあ一種の習慣です」、と逃げたが、「いや、それが霊魂の存在を認めている証拠だよ。日本人の霊魂観というのはヨーロッパの宗教学者のいうような理屈じゃない」。

（堀一郎「柳田国男と宗教史学」）

こうしたことも含めての霊魂の実在性のことです。私のうちでもご飯を炊くごとに仏壇にご飯を供えて、簡単なお経をあげています。孫が見ていて、「これ誰が食べるの？」と聞かれると、答えにつまります。つまっても、相手は確実にいるのでして、それは死者としての父母たちです。そのうまく言い当てられないものを、柳田は〝霊魂〟と呼んでいるということです。私もそうしているということです。

仏教と霊魂論

霊魂と仏教の問題は、古くて新しい問題です。これまで見てきたことを踏まえて、今あらためて問う必要があろうと思います。

先ほど南直哉さんについて、曹洞宗の僧侶としては霊魂の存在を認めるという立場をとらないとしながら、恐山では霊魂を前提とした対応をしているということを紹介しました。

仏教では、この世は無常・無我であるにもかかわらず、我《が》というものにしがみつくところに苦が生じるので、その執着を手放せば楽が手に入ると説きます。これだけを見れば、霊魂などというものは、その我にしがみつく無明《むみょう》・煩悩《ぼんのう》の最たるものにならざるを得ないだろうと思います。

周知のように、「あの世はあるのか、霊魂はあるのか」と問われた釈尊は、沈黙を守って答えなかったという無記《むき》の立場をとっています。仏教の原理論から霊魂を説くのは相当難しいことのように思います。いやそうではない、仏教論理からも霊魂は語りうるのだ、という議論があることも承知していますが、どうもうまく説明がついていないように思います。

しかし現実には、葬儀を担っているのは仏教のお坊さんたちです。不祝儀袋に「御霊前」などと書いたり、死者を「ほとけさま」と呼ぶことも含めて、何かしらの存在を認めなければ話が通じないような表現をもって、葬儀や法事が営まれているのも事実であろうと思います。

仏教そのものとは違いますが、ある合理的な「無」の立場から霊魂を否定する考え方もあります。たとえば、近代の思想家、中江兆民《なかえちょうみん》はこう述べています。

世界は無始無終である、すなわち悠久《ゆうきゅう》の大有である、また無辺無極である、すなはち博広の大有である、しかしてその本質は若干数の元素であつて、この元素は永久遊離し、抱合し、解散し、また遊離し、抱合し、解散し、かくのごとくして一毫《いちごう》も減ずるなく、増すなく、すなはち不生不滅である、草木人獣皆このものの抱合に生じ、解散に死するのである。……自分の利害とか希望とかに拘牽《こうけん》して、他の動物即ち禽獣《きんじゅう》虫魚を疎外し軽蔑して、唯《た》だ人と云ふ動物のみを割出しにして考索するが故に、神の存在とか精神の不滅、即ち身死する後猶《な》ほ各自の霊魂を保つを得るとか、此《この》動物に都合の能《よ》い論説を並べ立て、、非論理極まる、非哲学極まる囈語《げいご》を発することに成る。

（中江兆民『続一年有半』）

この世界のすべてのものは、本質的に、若干数の元素がくっついたり離れたりして生まれ死んでいく、それだけのことであると、それなのに人間だけを特別なものと考えて、神は存在する、霊魂は不滅だ、などと都合の良い論説・たわごとを言うのである、と。

これはあっさりとした唯物論ですが、ただ『般若心経』で言われているような「不増不減・

不生不滅」といった、悠久・博広の時間・空間の中に我々はあるという含みをもった議論です。兆民その人が、余命「一年半」あれば十分悠然たりうる、楽しみうると、実際にそうすることが可能になるような考え方で、無神論、無霊魂論とは言いつつ、その「無」には、大いなる何ものかに連なりうる発想が潜んでいるように思います。

もう一例挙げておきますと、志賀直哉《しがなおや》は、死にかけたときに城の崎《き》《さき》温泉に療養に行って、こういうことを言っています。

或《あ》る朝の事、自分は一匹の蜂が玄関の屋根で死んでいるのを見つけた。……それは三日ほどそのままになっていた。それは見ていて、如何《いか》にも静かな感じを与えた。淋しかった。他の蜂がみんな巣へ入ってしまった日暮れ、冷たい瓦《かわら》の上に一つ残った死骸を見る事は淋しかった。しかし、それは如何にも静かだった。

夜の間にひどい雨が降った。朝は晴れ、木の葉も地面も屋根も綺麗《きれい》に洗われていた。蜂の死骸はもう其処《そこ》にはなかった。……自分はその静かさに親しみを感じた。……生きている事と死んでしまっている事と、それは両極ではなかった。それ程に差はないような気がした。

（志賀直哉『城の崎にて』）

ここで志賀が蜂の死を通して感じた「死に対する親しみ」とは、われわれの死もまた、蜂のそれと同じであるという発見から来ています。つまり、それらはいずれも、大いなる自然の中での、ごく当たり前の出来事であって、そこでは「生きている事と死んでしまっている事」とが「両極」ではない、「それ程に差はない」という認識から来るものです。

しばしば、近代の日本人には、〝死んだら無になる〟という死生観が多く語られますが、それらはすべてが、単なる近代科学的・物質的な考え方から出てきているわけではありません。むしろ、こうした文脈で語られていることの方が多いのではないかと思います。そこでの「無」もまた、大いなるものの働きのうちでの「無」です。それはむろん、仏教と無縁の考え方ではありません。この点については、あとでもふれます。

死者と再会できるかは「賭け」

単なる科学的・客観的な知性でなく、神や死後の世界、霊魂に関わる態度として、「信じる」ということにも関わっているのですが、「賭け」としての死生観という考え方もあります。たとえば、哲学者の三木清《みききよし》の以下のような考え方です。

私にとって死の恐怖は如何にして薄らいでいったか。自分の親しかった者と死別することが次第に多くなったためである。もし私が彼等と再会することができる——これは私の最大の希望である——とすれば、それは私の死においてのほか不可能であろう。かりに私が百万年生きながらえるとしても、私はこの世において再び彼等と会うことのないのを知っている。そのプロバビリティは零《ぜろ》である。私はもちろん私の死において彼等に会い得ることを確実には知っていない。しかしそのプロバビリティが零であるとは誰も断言し得ないであろう、死者の国から帰ってきた者はないのであるから。二つのプロバビリティを比較するとき、後者が前者よりも大きいという可能性は存在する。もし私がいづれかに賭けねばならぬとすれば、私は後者に賭けるのほかないであろう。

（三木清「死について」『人生論ノート』）

これには彼が研究したパスカルの考え方が反映されています。パスカルは、神があるかないかは理性では判断できない、しかし「ある」に賭けるのは、あればそのまま丸儲けであり、なくてもそれで何も失わないというのです。得るときはすべてを得て、失うときは何も失わない、だから賭ければいいのだ、と。

ごく最近、評論家の渡部昇一《わたなべしょういち》さんが出された『魂は、あるか？——「死ぬこと」についての考察』（扶桑社新書）も、やはり同様の立場で、自分は神や魂があるという方に賭けて死んでいくから、死はまったく怖くないと言っています。

三木清にしても渡部昇一さんにしても、それは一つの信念として述べられています。逆に言えば、信念にせよ信仰にせよ、必ずやこうした賭けという要素があるはずで、それはそれでひとつのきちんとした精神の姿勢のように思います。

ふつうわれわれは、たとえば「あなたをお母さんだと信ずる」とはあえて言いません。それは、この目の前の女の人が母であるとまったく疑っていないからです。もし、「あなたをお母さんだと信ずる」と言うことがあったとすれば、それは、ひょっとしたらこの女の人は母ではないかもしれないと、多少とも疑いやためらいがあったうえで、そう発するものだろうと思います。

「たとい、法然聖人にすかされまいらせて、念仏して地獄におちたりとも、さらに後悔すべからず候」（『歎異抄』）という親鸞の言葉は師の法然に向けられているものですが、先生の言うとおりにしたら、あるいは地獄行きかもしれないとも言っているわけです。つまり、「信じる」というのは、それらの疑いやためらいをも丸ごとひっくるめて、いわば賭けるようにすべてを預けることでもあります。

清沢満之《きよざわまんし》は、「信ずる」ことは当てにすることではないと言っています。当てにする心は、まだ預けきっていない心をとどめている、だから、思いどおりに行かなかったとき、裏切られたと思うのだ、と。それは「信じて」いなかっただけのこと、単に当てにしていただけのことだ、というわけです。

「信じた」ら、裏切られることはない。信と賭けは、むろん同じものではありませんが、しかし、そう遠いものでもありません。「賭け」を含めて、「信念」「信仰」ということについては、もうすこし考えるべき問題があるように思います。

「たましい（魂・霊）」という言葉

さて、申し上げてきたような、「たましい」、霊魂に対する対応のあり方を見てきたところで、それらを念頭におきながら、日本人が「たましい（魂・霊）」という言葉を使って、実際にどう考えてきたのかについて見ていきたいと思います。申し上げたように、われわれ自身の「たましい」をあらためて考えるには、どうしても、今までこの言葉がどのように使われてきたかを「検《あらた》める」必要があります。

まず、辞書的に整理をしておきます。『広辞苑』には、こう説明されています。

たましい【魂・霊】

①物の肉体に宿って心のはたらきをつかさどると考えられるもの。古来多く肉体を離れても存在するとした。霊魂。精霊。たま。

②精神。気力。思慮分別。才略。

③素質。天分。……

「たましい」とは、基本的には、「①動物の肉体に宿って心のはたらきをつかさどると考えられるもの」で、「古来多く肉体を離れても存在する」と受けとめられてきたとされています。自分の思いどおりになる体や心（意識）をも超えて、それらを「つかさどる」という、より深いところでその人をその人たらしめる大事な働きをしているものということです。

「たましいが抜ける」とか「たましいを売る」とは、それがなくなるとその人でなくなるような大切なものを意味していますし、「たましいを入れ替える」とは、精神や心を入れ替えるという以上に、根底から何ものかを入れ替えるということで、その何ものかのことを「たましい」と言ってきたということです。

こうした、それなしではそのものがありえないくらい大事なものの比喩表現として、「刀は武士の魂」という用法や、「やまと魂」とか「記者魂」とかの形で、そのもののもつ固有性や属性を表す用法も古くから使われてきています。

そして、そのような意味から、「②精神。気力。思慮分別。才略」、「③素質。天分」といった用法が派生しています。そのもの固有の威力・エネルギーや働き、また、才能を表す言葉で、「魂を込める」とか「三つ子の魂百まで」などといった用法で使われてきています。

日本語は、やまと言葉に漢字も取り入れ、その意味合いでも使ってきていますので、漢字の「魂《こん》」や「霊《れい》」といった言葉も引いておきます。

魂　「云《ウン》」と「鬼《キ》」を合わせた会意文字。「云」は「雲」のもとの形で「雲気（雲。また雲状のもの）の形」。「鬼」は死んだ人の霊で霊界にあるもののこと。人のたましいは、死後に雲気となり、霊界に入る。（白川静『常用字解』）

霊　もとの字は「靈」に作り霝と巫を組み合わせた形。霝は雨乞いの為に「口」を三つ並べて祈ること。巫はその雨乞いをする巫女《ふじょ》。靈はもと雨乞いの儀式。雨乞いだけでなく、神霊（神）の降下を求めるときにも「口」を並べて同じように祈ったので、のちその神霊をいい、およそ神霊にかかわることをみな霊という。（同）

「たましい」、「霊」・「魂」という言葉の辞書的な説明を踏まえながら、以下、具体的な事例にしたがって見ていきます。

霊魂が「肉体を離れても存在する」としたのは、まずは、恋やあこがれ、あるいは強い嫉妬や恨みから自分の身や心を飛び越えて抜け出してしまう、いわゆる遊離魂のあり方を指しています。

恋しい思いやあこがれで「たましい」になってさまよい出てしまうといった思いは、歌や物語の定番としてくりかえし訴えられています。嫉妬も同じです。たとえば、『源氏物語』での六条御息所《みやすどころ》は屈辱・嫉妬から自分も気づかないうちに、生霊《いきりょう》となって、葵上《あおいのうえ》に取り憑いてしまいますが、これもまた、「たましい」が肉体を離れてさまよい出る一例です。

あるいは、遊離魂とは言われませんが、こういう例。

かくすればかくなるものと知りながら已《や》むに已まれぬ大和魂

（「吉田松陰書簡」）

吉田松陰は、魂を大事な言葉として使った思想家の一人ですが、彼の言う魂とは、たとえば、こう語られるようなものでした。泉岳寺で四十七士を歌ったものですが、松陰もまた、このあと四十七士と同じように、「已むに已まれぬ」思いで決起し、捕らわれて切腹して死んでいくわけですが、そうした「已むに已まれぬ」という、内からこみあげてくるもの、それが魂の働きなのだということです。この場合は、誠の働きのことです。

つまり、魂とは、その人をその人たらしめるもっとも大事な何ものかであると同時に、それは、当人をすら超えでて働く、あるいは、超えでたところから働いてくる何ものかでもあったということです。

死後の「たましい」の行方

しかし、こうした、恋やあこがれ、嫉妬、あるいは、誠など思いあまって出て行ってしまう過剰な場合とならんで、というより、より一般的に霊魂が肉体を離れてしまうのは、死という、これまた自分にもどうにもならない事態においてです。

それが肉体を離れてどうなるかが、古い時代からの問題であったわけです。柳田国男が明らかにしようとしたのも、そうした死後の「たましい」の行方です。

私がこの本の中で力を入れて説きたいと思う一つの点は、日本人の死後の観念、すなわち霊は永久にこの国土のうちに留まって、そう遠方へは行ってしまわないという信仰が、おそらくは世の始めから、少なくとも今日まで、かなり根強くまだ持ち続けられているということである。

（『先祖の話』）

日本には、「霊は永久にこの国土のうちに留まって、そう遠方へは行ってしまわないという信仰」がずっとあったと言っています。たとえば、『万葉集』でも自分の大事な人の霊魂はそれほど遠くに行っていないことを歌っています。

佐保山《さほやま》にたなびく霞《かすみ》見る毎に妹《いも》を思ひて泣かぬ日はなし

（『万葉集』）

隠口《こもりく》の泊瀬《はつせ》の山の山の際《ま》にいさよふ雲は妹にかあらむ

（同）

——佐保山にかかっている霞を見る度ごとに、いとしい人を思い出して泣かぬ日はない。

——我が愛する妻は、泊瀬の山の際にいさよふ雲になっているのではないだろうか。

漢字の魂や霊が雲や雨に関わりのある言葉であることはさきに見ましたが、ここでも死者の霊魂は、雲や霧になって（まぎれて）、山の中や草葉の陰にいると受けとめられていたということがわかります。だから我々を見守っていて、盆や正月には戻ってきてくれるという信仰にもなりえたわけです。

しかし、ここで仏教の思想と衝突することになります。よく知られた「いろは歌」ではこう歌っています。

色は匂へど散りぬるを　わが世誰ぞ常ならむ
有為《うゐ》の奥山今日こえて　浅き夢みじ酔ひもせず

ここには、いうまでもなく浄土教が背景にあります。無常の奥山を超えて向こうへ行きたい、西方はるか彼方《かなた》にあるであろう極楽浄土に行きたい、という歌を、一国のアルファベットとして千年以上も歌ってきたわけです。十万億土彼方という、とてつもない彼岸に行ってしまうということと、この世の近くの野や山に留まっているというのとは相当違います。

柳田は、この矛盾をこう考えています。

盆の場合でも同じことだが、一方に念仏供養の功徳《くどく》によって、必ず極楽に行くということを請け合っておきながら、なお毎年々々この世に戻って来て、棚経《たなきょう》を読んでもらわぬと浮かばれぬように、思わせようとしたのは自信のないことだった。その矛盾を心付かぬほどの日本人ではなかった筈であるが、これには大昔このかたの我々独自の考え方がまだ消えずにあって、……二つ（引用者註─極楽信仰と祖霊信仰）を突き合わせてどちらが本当かというような論争は終《つい》に起こらずに、ただ何となくそこを曙染《あけぼのぞめ》のようにぼかしていた。……暗々裡《あんあんり》に国民の生活活動の上に働いて、歴史を今あるように作り上げた力は、相応に大きなものと見なければならない。（『先祖の話』）

要するに、矛盾を解決せずに、「曙染」のようにぼかし続けてきたが、しかしそれが我々日本人の大事な力となったというのです。

「あわい」という言葉があります。「あはい」とは「合はふ」という動詞の名詞形で、それぞれからの「合ふ」働きを合わせ重ねたありようを表す言葉です。あれかこれかではなく、両方をうまく受けとめる「あんばい」というのも同じ語源だと柳田は言っています。なにごとも具体的な真実は、つまりは「あわい」の中にあるのであって、それを必ずしも一つへと専決する必要はないということです。とりわけ、基本的にはどこまでも不可知である「たましい」、霊魂の問題もそうであろうと思います。「曙染」とは、みごとな「あわい」の表現です。

さらに申し上げれば、『万葉集』の時代には、日本人は残された遺体にあまり関心がありませんでした。やがて中世から近世にかけて、各家にも墓地や仏壇などが普及してくると、「たましい」、霊魂は、それらを基点に去来したり、定住したりするものとも考えられてきます。つまり、家や地方共同体との結びつきをもった祖先神としての様相を現してくるのですが、しかし、その際にもなお、

置く露を我が魂と知らねばやはかなき世をも厭はざるらん（『堀河百首《ほりかわひゃくしゅ》』）

天地の間に隔てなき魂をしばらく体のつつみをるなり（『志濃夫廼舎歌集《しのぶのやかしゅうかしゅう》』）

といったように、最終的な枠組みとしては、天地・自然の働きの中でのものと考えられていたことは重要なポイントです。

『先祖の話』でも、かつては「人のあまり行かない山の奥や野の末に、ただ送って置いてくればよかった」葬《はふ》りも、やがて墓や仏壇などもでき、共同体的な営みになってきたが、しかしそれでも最後は、「たましい」、霊魂はけがれや悲しみから清まり、高い山や空、海といった「一続きの広い通路」を「自由に去来」するものになるとまとめられています。

霊魂の語源は息や風

ちなみに、世界の、霊魂を表す言葉には、以下のような含意の共通性があります。

スピリット　spirit　微風、呼吸、生命、魂、精神
アニマ　anima　微風、大気、息吹、生命、魂
プシュケー　psyche　息、呼吸、生命、心、魂
プネウマ　pneuma　気息、風、空気、大いなるものの息

いのち　イは息、チは勢力、ゆえに「いのち」とは、眼に見えない根源の力としての「息の勢い」。
（『岩波古語辞典』）

ギリシア語、ラテン語ともに（「霊」・「魂」もふくめて）、「息吹」「風」「大気」といった共通性があるということで、人間の考え方には、相当程度の普遍性があることを想像させます。

『旧約聖書』創世記で、塵で固めた物に神様が息吹を吹き入れて「生きるものとなった」、「人

間となった」という表現もあります。

今、その普遍性自体を検証する用意はありませんが、日本語に戻って考えますと、「たましい」という言葉そのものではありませんが、「いのち」という言葉も、イは息で、チは勢力であり、「眼に見えない根源の力」としての「息の勢い」が「いのち」と考えられています。

また、そもそも、「かぜ」というやまと言葉は、こう説明される言葉です。

かぜ《古形カザ　風》空気の流動。奈良朝以前には、風は生命のもとと考えられ、風にあたると受胎すると思われていた。転じて、風が吹くと恋人が訪れて来るという俗信があった。また、明日香・初瀬など、それぞれの山々に風神がいて風を吹かすものとされていた。

（『岩波古語辞典』）

風は「生命のもと」と考えられ、神さまが吹かすものとも考えられていたということです。「いのち」や「たましい」のもとともなるような根源の働きの象徴としての「かぜ」です。

それは「花鳥風月」というときの風でもあり、一般に、微風・薫風とか、風景・風物とか、風格・風習とか、風雅・風味とか、軽く三百を超える漢字熟語などで使われている風でもあります。それらはむろん単なる気象上の現象にとどまらない、日本人の生きる基本、根本のところに微妙に、しかし深く関わるものとして感じられていたものでもあります。

こうした、風から来て、そしてその人や生き物の息吹となるが、やがてまた風としてこの宇宙・自然へと戻っていく。「たましい」、霊魂が、そうしたイメージを有力なものとして受けとめられてきたということです。

具体例で見ておきますと、たとえば、宮沢賢治《みやざわけんじ》は、風を特別に受けとめた人でした。賢治は、最も愛した妹トシを失い、彼女の霊魂をどこまでも追いかけて行こうと、多くの挽歌、死を悼む詩をつくっています。そして、結局は、その行方を一人だけ切り離して求めるのではなく、この自然の中で吹いている風のうちに感じ取ればいいのだ、と言い聞かせようと、こう言っています。

チモシイの穂がこんなにみじかくなって／かわるがわる風にふかれている
(それは青いいろのピアノの鍵で／かわるがわる風に押されている)
……海がこんなに青いのに／わたくしがまだとし子のことを考えていると
なぜおまえはそんなにひとりばかりの妹を
悼んでいるのかと遠いひとびとの表情が言い
またわたくしのなかでいう

（Casual observer！　Superficial traveler！）

（宮沢賢治「オホーツク挽歌」）

同じ挽歌群の中の「そらや愛やりんごや風　すべての勢力のたのしい根源」とか「大循環の風」とか「しめつたにほひのいい風や／雲のひかりから恢復《かいふく》しなければならない」といった言葉を引くまでもなく、賢治において、風はある根源的なあり方の象徴でした。だから、トシの霊魂もその中で感じていけばいいのだ、と受けとめようとしていたわけです。

あるいはそれは、すこし前にはやった「私のお墓の前で／泣かないでください　そこに私はいません／眠ってなんかいません　千の風になって／あの大きな空を　吹きわたっています」といった「千の風になって」（新井満　訳詞・曲）というような発想ともつながっています。

魂とは「天地万物を流れる力」

川端康成は、「魂という言葉は天地万物を流れる力の一つの形容詞に過ぎないのではありますまいか」ということを言っています。じつは、私が霊魂のことを考えようと思ったのは、この文章がきっかけで、これをどう理解するかということが始まりでした。これは「抒情歌」という昭和七年に書かれた初期の代表作での言葉です。

人間の霊魂のことを考えました人たちは、たいてい人間の魂ばかりを尊んで、ほかの動物や植物をさげすんでおります。人間は何千年もかかって、人間と自然界の万物とをいろいろな意味で区別しようとするほうへばかり、盲滅法《めくらめっぽう》に歩いて来たのであります。そのひとりよがりのむなしい歩みが、今となって人間の魂をこんなに寂しくしたのではありませんでしょうか。……魂という言葉は天地万物を流れる力の一つの形容詞に過ぎないのではありますまいか。……その歌に教えられまして、私は禽獣《きんじゅう》草木のうちにあなたを見つけ、私を見つけ、まただんだんと天地万物をおおらかに愛する心をとりもどしたのでありました。……私はそんなにまであなたを愛しておりました。（川端康成「抒情歌」）

主人公は、「そんなにまで愛していた」というあなただからこそ、相手を天地万物から切り離すのではなく、天地万物の流れの中に置き直すことによって、あらためて受け取り直そうとしていたということができるように思います。「一つの形容詞に過ぎない」という言い方も、魂をこれこれだと名づけられる名詞のようなもの、変わらない実体のようなものにしてしまうのではなく、大きな流れのなかの一つの力の形容にすぎないと了解しようとしたものであろうと思います。

川端は、こういう言い方もしています。

個人の死から人間を救い出すには、個人と他の個人、一人の人間と外界の万物との境界線を曖昧《あいまい》に暈《ぼか》すことが一番いいらしい。それなら種族の死から人間を救うには、人間種と他種族、人間と猿、人間と鶯《うぐいす》、人間と蝶、更に進んで人間と無生物、人間と水のような液体、人間と空気のような気体との境界線を曖昧に暈すことが一番いいのであろうか。

（川端康成「永生不滅」）

個人の死から人間を救い出すには、個人と他の個人、一人の人間と外界の万物との境界線を曖昧に暈すことが一番いいらしい、と。つまり、私という存在、個人というあり方は、それ自体かけがえのない大事なものでありながら、それはこの自然・宇宙のなかの一つの存在、と言うにも足りない、一つの形容詞のごとき、ふと今のそのありようが過ぎれば消えてしまうものでもある、しかしそれは、そうしたあり方として、どこまでもこの天地万物、全宇宙とつながったものとしてあるというのであります。

川端は、親友の作家の横光利一《よこみつりいち》の弔辞として、こう言っています。

川端康成「横光利一弔辞」

横光君

僕は日本の山河を魂として君の後を生きてゆく。幸い君の遺族に後の憂えはない。

君という大事な、かけがえのないものを失って、あらためて自分は日本の山河を魂として、君の後を生きて行こうというわけです。君自身の魂と日本の山河という魂とが重ねられ、繋がったものとして捉えられています。

「花びらは散る、花は散らない」

もういちど、柳田国男に戻って言えば、柳田は年忌を重ね、弔い上げにおいて、霊魂は個性を失い、大いなる存在と融合一体になるのだと言っています。

人が亡くなって通例は三十三年、稀《まれ》には四十九年五十年の忌辰《きしん》に、とぶらひ上げ又は問ひきりと称して最終の法事を営む。其《そ》の日を以て人は先祖になるといふのである。……

三十三年の法事がすむと、人は神になるといふ者もある。……つまりは一定の年月が過ぎると、祖霊は個性を棄て、融合して一体になるものと認められて居たのである。
（『先祖の話』）

ここにも宮沢賢治や川端康成と同じ発想をみることができます。とりかえのきかない個別と、大いなる普遍との矛盾と統一。そこにこそ、霊魂のかけがえのなさと大いなるものにおいてあることの輝きを感じ取ることができるように思います。
最後に、志賀直哉の、有名な「ナイルの水の一滴」という文章を引用しておきます。

人間が出来て、何千万年になるか知らないが、その間に数えきれない人間が生まれ、死んで行った。私もその一人として生まれ、今生きているのだが、例えていえば、悠々流れるナイルの水の一滴のようなもので、その一滴は後にも前にもこの私だけで、何万年遡《さかのぼ》っても私はいず、何万年経《た》っても再び生まれては来ないのだ。しかも尚その私は、依然として大河の一滴に過ぎない。それで差支《さしつか》えないのだ。
（志賀直哉「ナイルの水の一滴」）

私という存在は、唯一無二、一回かぎりの「一滴」としての存在であり、かつ、どこまでも、「大河の水の一滴に過ぎない」、しかし、「それで差支えないのだ」、と。『城の崎にて』での、〝死んだら無になる〟という「無」の死生観は、こうした考え方と別ものではありません。

この文章を踏まえていうならば、「たましい」、霊魂とは、まずは、それぞれの「一滴」としての、唯一無二、一回かぎりのかけがえのなさを意味していますが、同時に、「大河の水」の「一滴」として現し出させ、それを輝かしめ、花咲かせる（しかし一方では、壊し、滅ぼさせもする）ように働く大いなる何ものか、それをも意味しているということができるだろうと思います。

仏教思想家の金子大栄《かねこだいえい》は、「花びらは散る、花は散らない」という言葉を残しています。肉体としての花びらは滅び散るけれども、咲いた花のかけがえのなさはそれとして残るということ、そしてまた、それは風や光となって浄土世界から大いなる働きをもなしうるということを「散らない花」として語っています。

金子のこの考え方の背景には、「空即是色というは即ちこれ南無阿弥陀仏」という思想があります。形としての「花びら」は散っても（色即是空）、念仏において「散らない花」ということが感得され、証される（空即是色）ということです。「色即是色」ではありません。存在した花びら（最初の「色」）は、その状態のままのものとしてあるのではなく、「空」を介してのみ、あらためて鮮やかな花（あとの「色」）となるということです。いうまでもなく、「散らない花」とは、「たましい」、霊魂と言われてきたもののことであります。

（くわしくは、昨年暮れに出した拙著『魂と無常』春秋社 をご参照いただければと存じます）

講演会開催日・初出一覧

		在家仏教講演会開催日	『大法輪』掲載号
1	「あの世・この世」と「浄土・現世」	2017年4月8日	2018年5月号
2	日本人の死生観と仏教	2017年4月22日	2018年6月号
3	大悲心による世界の二重化	2017年10月28日	2018年7月号
4	なぜ生まれ、老い、死ぬのか	2017年9月9日	2018年9月号
5	亡き母の国へ行きたい	2018年1月27日	2018年10月号
6	この世・あの世と現生・来生	2017年11月25日	2018年11月号
7	唯識の生死観	2017年5月27日	2018年12月号
8	死者は生きている―日本仏教の特徴―	2018年2月10日	2019年1月号
9	キリスト教における「彼岸」と「此岸」	2018年2月24日	2019年2月号
10	時間論で考える「往生と成仏」	2018年1月13日	2019年4月号
11	霊魂論の現在まで	2018年4月28日	2019年10月号

執筆者一覧

1	阿《あ》満《ま》利麿《としまろ》	明治学院大学名誉教授
2	末《すえ》木《き》文《ふみ》美《ひ》士《こ》	東京大学名誉教授
3	本《ほん》多《だ》弘之《ひろゆき》	親鸞仏教センター所長
4	田《た》上《がみ》太秀《たいしゅう》	駒澤大学名誉教授
5	三橋《みつはし》　健《たけし》	神道学者
6	華園《はなぞの》聰麿《としまろ》	東北大学名誉教授
7	竹村《たけむら》牧《まき》男《お》	前東洋大学学長
8	峯岸《みねぎし》正典《しょうてん》	曹洞宗長楽寺住職
9	佐《さ》藤《とう》　研《みがく》	立教大学名誉教授
10	武《たけ》田《だ》定光《さだみつ》	真宗大谷派因速寺住職
11	竹内《たけうち》整一《せいいち》	東京大学名誉教授

本書は、公益社団法人在家仏教協会が企画・開催した連続講演会での講話を、大法輪閣編集部が文章化し、各講演者の加筆訂正を経て月刊『大法輪』に連載した講演録を一冊にまとめたものです。

在家仏教協会は、家庭や職業をもつ在家者が宗派を問わず広く仏教に学ぶ目的で1952年に創立、定期講演会の開催や書籍の刊行をしている会員組織です。

協会事務局＝東京都千代田区神田駿河台3-3 五明館ビル202

この世《よ》とあの世《よ》【講演集《こうえんしゅう》】

2020年6月10日　初版第1刷発行

編　者　大法輪閣編集部
発行人　石原大道
印　刷　亜細亜印刷株式会社
製　本　東京美術紙工
発行所　有限会社 大法輪閣
〒150-0011 東京都渋谷区東2-5-36 大泉ビル2F
TEL 03-5466-1401（代表）
振替 00160-9-487196番
http://www.daihorin-kaku.com

ISBN978-4-8046-1426-7　C0015